JN064329

MBA流
Master of Business Administration
企業法務

[監修・著]
安達　巧

[著]
富田 智和・浅野 郷志・宮本 大輔
持田 光宏・田宮 憲明

ふくろう出版

まえがき

企業活動は法律行為の集合体です。

商品やサービスの販売は売買契約ですし、企業活動を支える従業員（労働者）は企業と労働契約を締結しています。資金調達（金融機関から融資を受けたり、投資家に対して株式や社債を発行したりする行為など）も法律行為です。

ご存じの読者もおられるかもしれませんが、2019 年 3 月期決算で売上高が 30 兆円を超えたトヨタ自動車は、2009 年 3 月期から 5 年間法人税を納めていなかったことが 2014 年 5 月 8 日の豊田章夫社長の記者会見で明らかになりました。また、ソフトバンク・グループは、2018 年 3 月期の売上高が過去最高の約 9 兆 1587 億円、純利益 1 兆 390 億円を計上したにもかかわらず、支払った法人税はなんと 0 円でした。こうした現実に対して、

A さんは、「日本を代表する大企業が法人税を 1 円も払っていないなんて、許せない！」

B さんは、「企業は一定のルール（法律等）下で競争しているのだから、法律を駆使して納税額を下げ、資金の有効活用をするのは当然だ！」

と感じていると仮定します。

読者の皆様は、A さん・B さんのどちらに賛同しますか？

私はビジネススクール教授として、いわゆる MBA 学位取得をめざすビジネス・パーソン達に教えています。「事業創造のマネジメント」では起業スキル等を教えていますが、法学の学位も有しているため、「企業法務」や「戦略法務」なども担当しています。まっとうなビジネス・パーソンであれば、企業活動の本質を理解し、法律を武器として戦略的に活用できたほうが企業間競争を有利に戦えることは理解できると思います。ですが、私が勤務する地方のビジネススクールでは、法律への苦手意識からか、あるいは中小企業勤務の労働者が多いからか、選択必修科目である「企業法務」の履修を避ける学生が少なくありません。

多くの大企業には法務部門があります。しかし、中小企業の大半は法務部門を抱える余裕がないのが現状です。経営基盤が弱い中小企業ほど、コンプライアンス違反等の影響は重大であり、経営危機につながる可能性も高まります。

本書は、様々な立場で中小企業などに関わるビジネススクール関係者が、各々の立場で「MBA 流　企業法務」を論じています。関心のある部分だけをお読み頂いても構いません。読者の皆様が本書を通じて企業における法務の重要性を実感して頂けたら幸いです。

2022 年 8 月

著者を代表して　安達　巧

目　次

第１部　MBA流　中小企業の法務

（2022年度HBMS「企業法務」初日授業資料の一部）

1

県立広島大学大学院経営管理研究科
教授　安達　巧

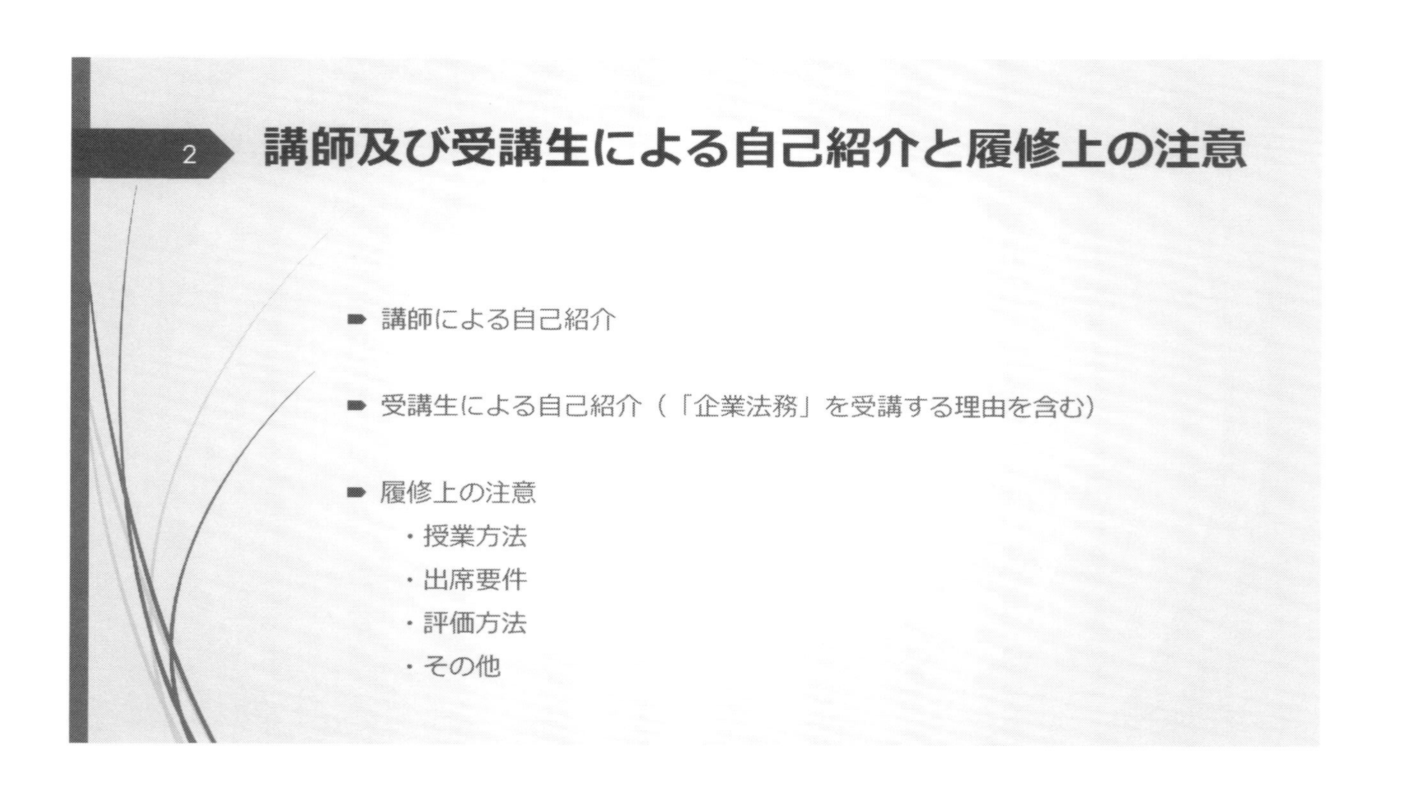

2
講師及び受講生による自己紹介と履修上の注意
講師による自己紹介
受講生による自己紹介（「企業法務」を受講する理由を含む）
履修上の注意
・授業方法
・出席要件
・評価方法
・その他

3

専門職大学院の法的位置づけを確認する

■ **学校教育法　第99条**

第1項

大学院は、学術の理論及び応用を教授研究し、その深奥をきわめ、又は高度の専門性が求められる職業を担うための深い学識及び卓越した能力を培い、文化の進展に寄与することを目的とする。

第2項

大学院のうち、**学術の理論及び応用を教授研究し**、高度の専門性が求められる職業を担うための**深い学識及び卓越した能力を培うことを目的とする**ものは、専門職大学院とする。

4

学校教育法第99条を理解（解釈）できますか？

- 第１項の読み方　⇒⇒　大学院の目的が２つあることを規定している。
- １つの目的：「その深奥をきわめ、文化の進展に寄与することを目的とする」
  ⇒通常の修士課程（いわゆる研究者養成大学院）
- もう１つの目的：「高度の専門性が求められる職業を担うための深い学識及び卓越した能力を培い、文化の進展に寄与することを目的とする」
  ⇒通常の修士課程（いわゆる研究者養成大学院）とは別の大学院が存在することを示し、そうした大学院について、第２項で「専門職大学院」と呼称する旨を規定している。

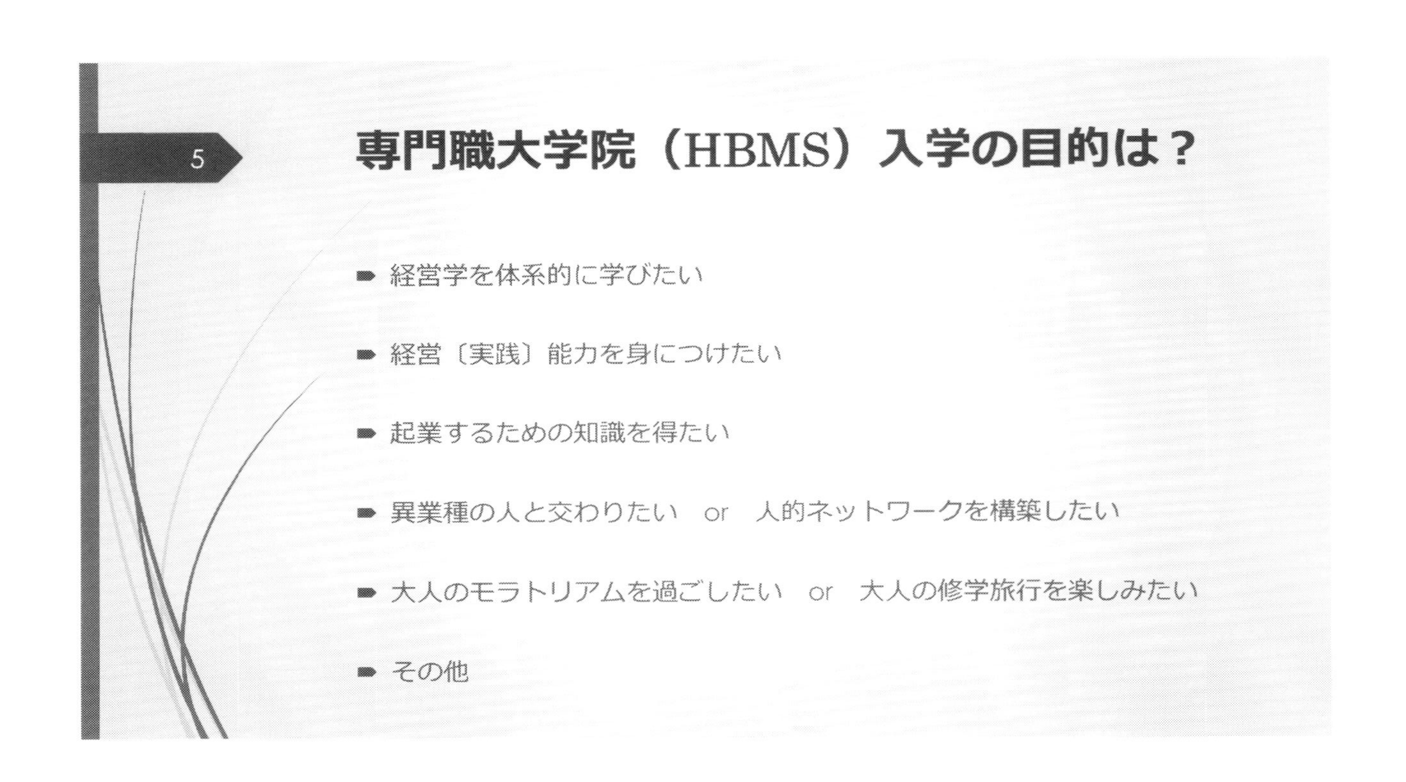
5
専門職大学院（HBMS）入学の目的は？
経営学を体系的に学びたい
経営〔実践〕能力を身につけたい
起業するための知識を得たい
異業種の人と交わりたい　or　人的ネットワークを構築したい
大人のモラトリアムを過ごしたい　or　大人の修学旅行を楽しみたい
その他

あなたの現在地と修了後のゴールは？

- 人生いろいろ。ゴールが違えば、そこに至るまでに必要な知識や能力も違うはず。
- ゴールが同じでも、現時点で有する知識や能力が違えば、在学中に身につけるべき知識や能力も違うはず。
- 上（前）を見る？　それとも　横を見る？
- 日本は同調圧力が強いと言われている。「他人と違う」ことを恐れる人が多い。（地方は特にその傾向が強い。忖度）
- 何のためにHMBSに入学したのか？　あなたは何故、この授業を履修するのか？

6

7

自分の頭で、きちんと考えてみよう

- あなたは公立小学校で６年生のあるクラスの担任を務めていて、そのクラスに、難関私立中学を受験予定の児童が複数いると仮定する。
- 約40日間にも及び夏休みには、各種ドリル、読書感想文、日記、自由研究など、膨大な宿題を児童に課すことになっている。
- 世の中には「宿題代行」を事業とする法人や個人が存在する現実がある。
- あなたは難関私立中学を受験予定の児童たちに「宿題代行」の存在を教えるか？

8

学校教育法「第四章」小学校より抜粋①

- **第四章　小学校**
- **第二十九条**　小学校は、心身の発達に応じて、義務教育として行われる普通教育のうち基礎的なものを施すことを目的とする。
- **第三十条**　小学校における教育は、前条に規定する目的を実現するために必要な程度において第二十一条各号に掲げる目標を達成するよう行われるものとする。
- ②　前項の場合においては、生涯にわたり学習する基盤が培われるよう、基礎的な知識及び技能を習得させるとともに、これらを活用して課題を解決するために必要な思考力、判断力、表現力その他の能力をはぐくみ、主体的に学習に取り組む態度を養うことに、特に意を用いなければならない。
- **第三十一条**　小学校においては、前条第一項の規定による目標の達成に資するよう、教育指導を行うに当たり、児童の体験的な学習活動、特にボランティア活動など社会奉仕体験活動、自然体験活動その他の体験活動の充実に努めるものとする。この場合において、社会教育関係団体その他の関係団体及び関係機関との連携に十分配慮しなければならない。

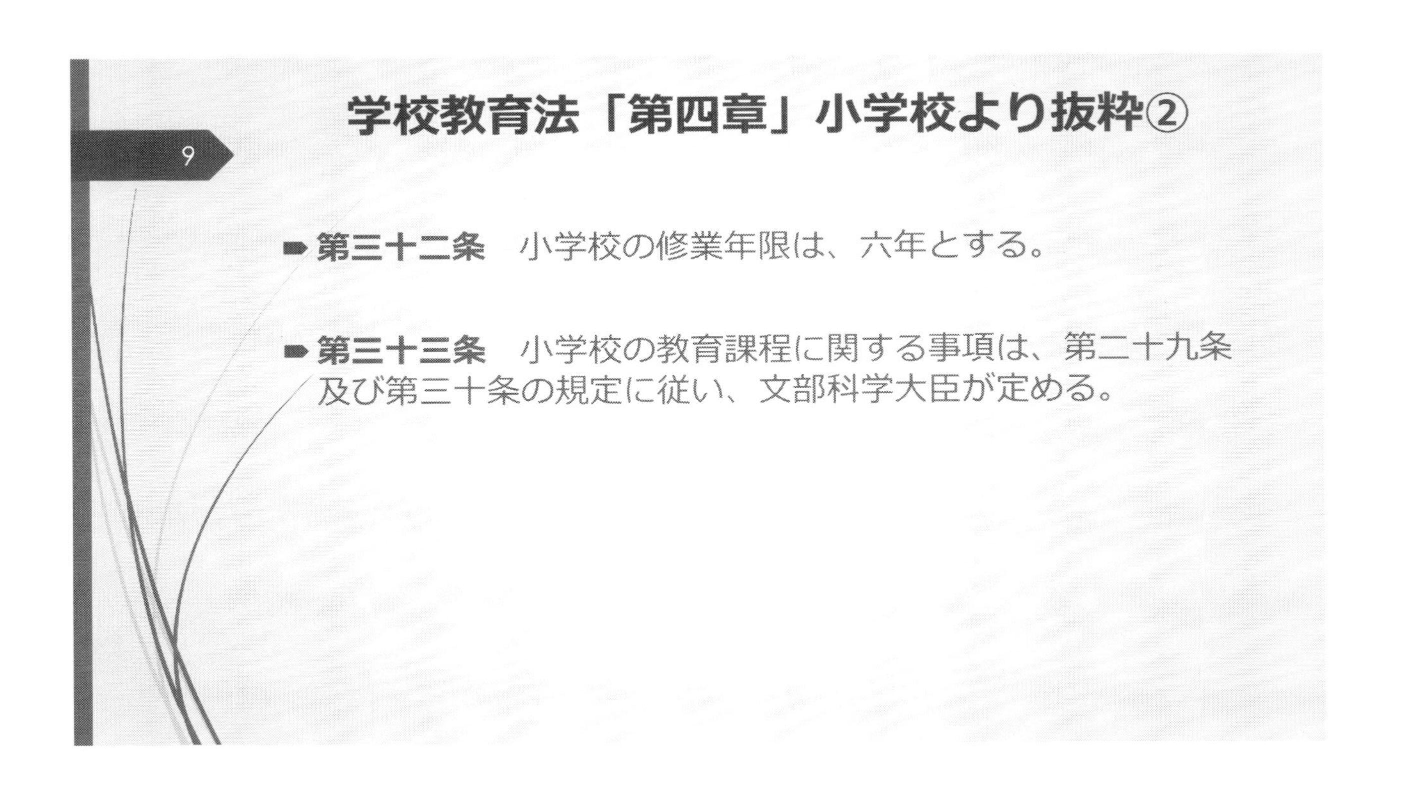
学校教育法「第四章」小学校より抜粋②
9
第三十二条　小学校の修業年限は、六年とする。
第三十三条　小学校の教育課程に関する事項は、第二十九条及び第三十条の規定に従い、文部科学大臣が定める。

10

学校教育法「第四章」小学校より抜粋③

- **第三十四条**　小学校においては、文部科学大臣の検定を経た教科用図書又は文部科学省が著作の名義を有する教科用図書を使用しなければならない。
- ②　前項に規定する教科用図書（以下この条において「教科用図書」という。）の内容を文部科学大臣の定めるところにより記録した電磁的記録（電子的方式、磁気的方式その他人の知覚によつては認識することができない方式で作られる記録であつて、電子計算機による情報処理の用に供されるものをいう。）である教材がある場合には、同項の規定にかかわらず、文部科学大臣の定めるところにより、児童の教育の充実を図るため必要があると認められる教育課程の一部において、教科用図書に代えて当該教材を使用することができる。
- ③　前項に規定する場合において、視覚障害、発達障害その他の文部科学大臣の定める事由により教科用図書を使用して学習することが困難な児童に対し、教科用図書に用いられた文字、図形等の拡大又は音声への変換その他の同項に規定する教材を電子計算機において用いることにより可能となる方法で指導することにより当該児童の学習上の困難の程度を低減させる必要があると認められるときは、文部科学大臣の定めるところにより、教育課程の全部又は一部において、教科用図書に代えて当該教材を使用することができる。
- ④　教科用図書及び第二項に規定する教材以外の教材で、有益適切なものは、これを使用することができる。
- ⑤　第一項の検定の申請に係る教科用図書に関し調査審議させるための審議会等（国家行政組織法（昭和二十三年法律第百二十号）第八条に規定する機関をいう。以下同じ。）については、政令で定める。

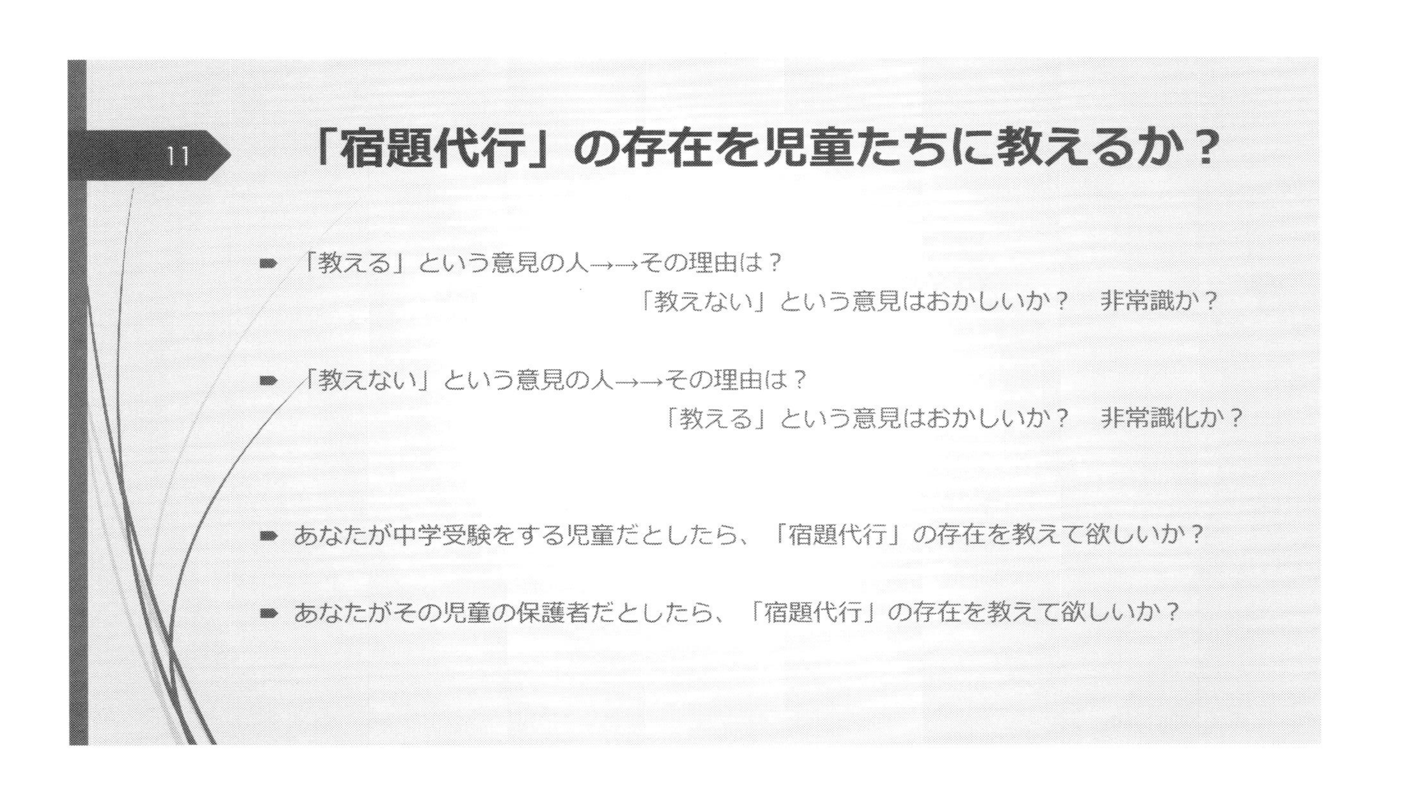
11
「宿題代行」の存在を児童たちに教えるか？
「教える」という意見の人→→その理由は？
「教えない」という意見はおかしいか？　非常識か？
「教えない」という意見の人→→その理由は？
「教える」という意見はおかしいか？　非常識化か？
あなたが中学受験をする児童だとしたら、「宿題代行」の存在を教えて欲しいか？
あなたがその児童の保護者だとしたら、「宿題代行」の存在を教えて欲しいか？

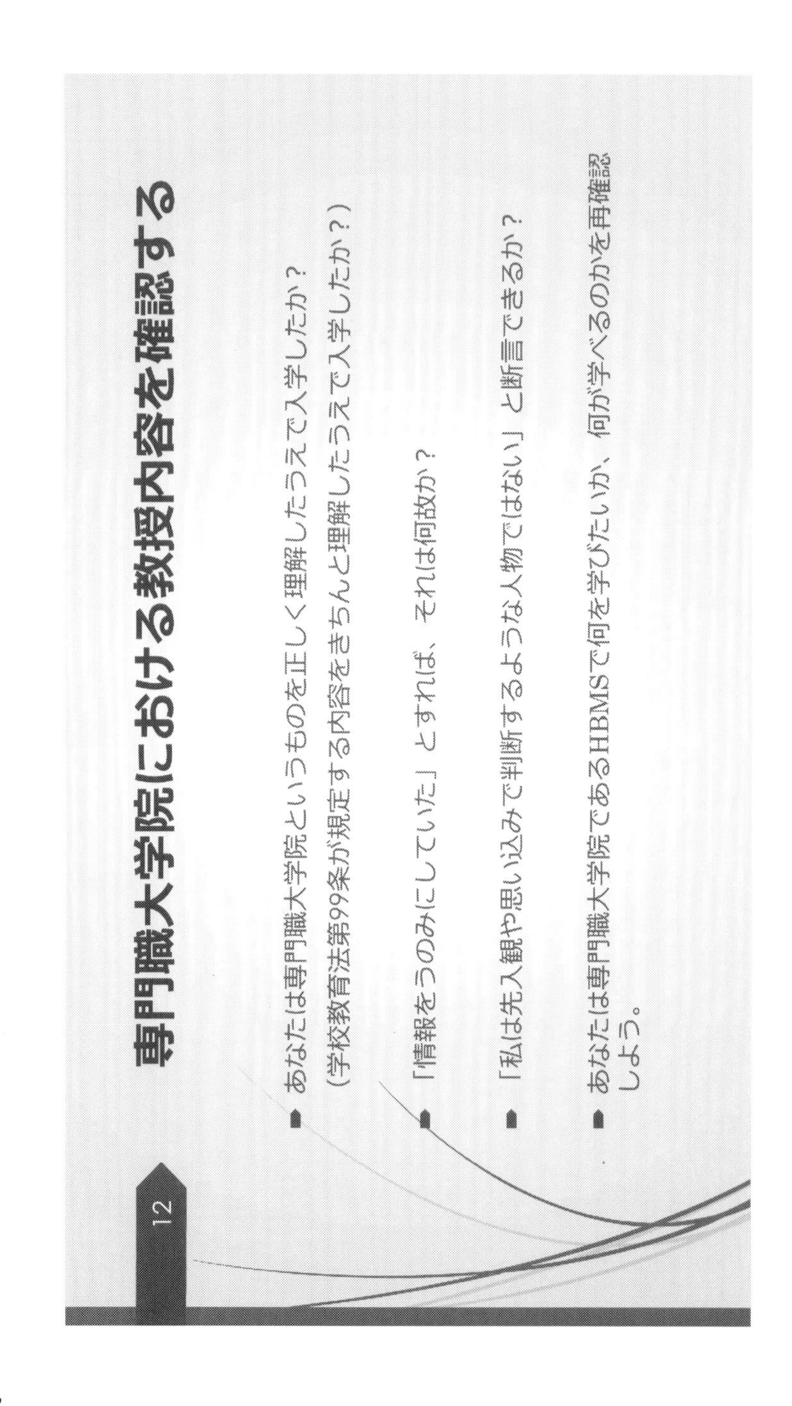
専門職大学院における教授内容を確認する
あなたは専門職大学院というものを正しく理解したうえで入学したか？
（学校教育法第99条が規定する内容をきちんと理解したうえで入学したか？）
「情報をうのみにしていた」とすれば、それは何故か？
「私は先入観や思い込みで判断するような人物ではない」と断言できるか？
あなたは専門職大学院であるHBMSで何を学びたいか、何が学べるのかを再確認しよう。
12

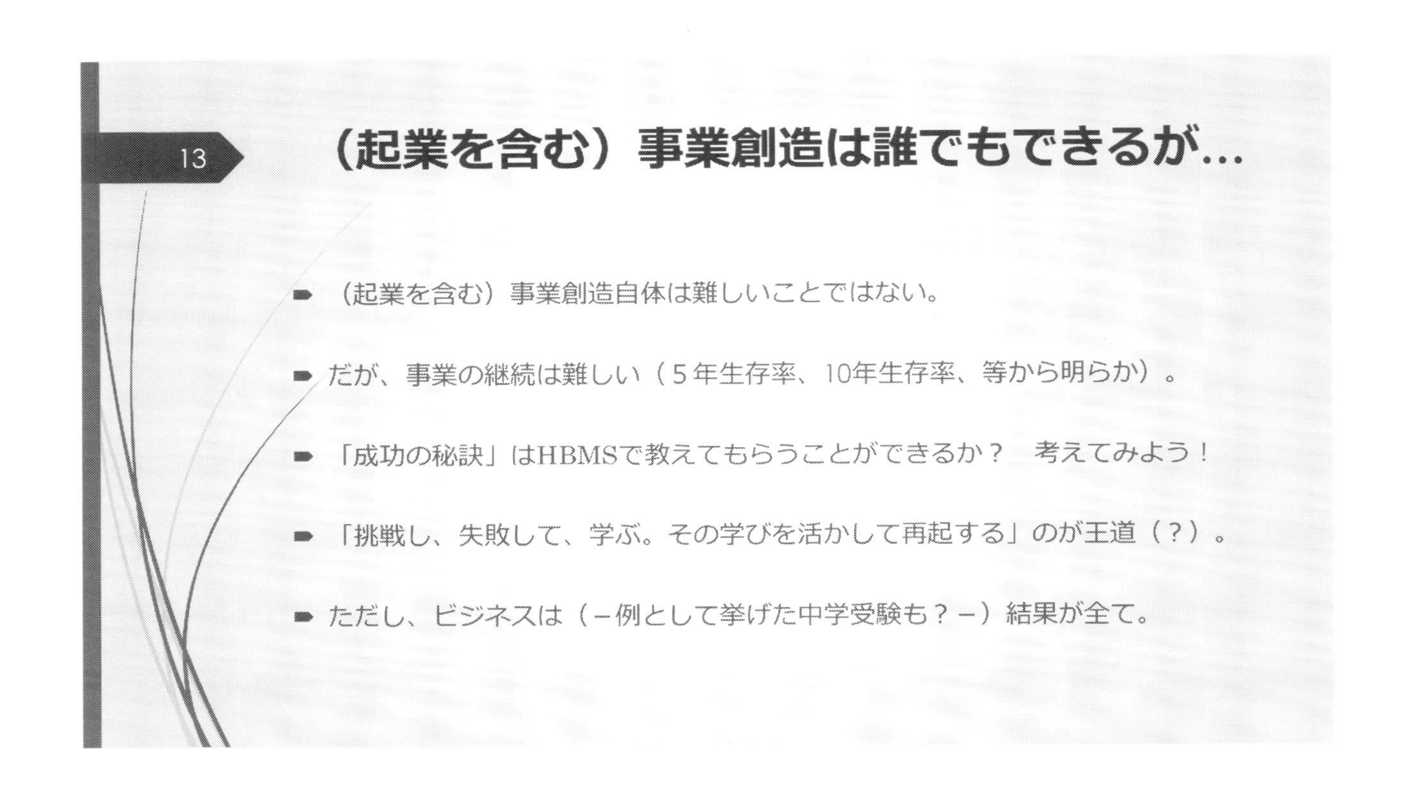
13
（起業を含む）事業創造は誰でもできるが…
（起業を含む）事業創造自体は難しいことではない。
だが、事業の継続は難しい（５年生存率、10年生存率、等から明らか）。
「成功の秘訣」はHBMSで教えてもらうことができるか？ 考えてみよう！
「挑戦し、失敗して、学ぶ。その学びを活かして再起する」のが王道（？）。
ただし、ビジネスは（一例として挙げた中学受験も？ー）結果が全て。

14

社会科学のなかで最も論理的思考能力（ロジカル・シンキング能力）を必要とするのが法学

- 法学は、学術理論と法律実務が密接。
- 例えば、裁判において、事実は１つなのに地裁と高裁で結論が異なる場合などがある。その理由は、事実を法律に当てはめての解釈（分析）や論理展開が異なるから。
- 法的思考の訓練は、必然的に論理的思考力（ロジカル・シンキング）の訓練となる。

↓　↓

- 条文を覚えるより、法的思考を通じて論理的思考力（ロジカル・シンキング）が高まると、「他社に勝つために現状（事実）をどう分析してどのような『打ち手』を打つか」等、論理的思考力（ロジカル・シンキング）が必要な場面で役に立つ。

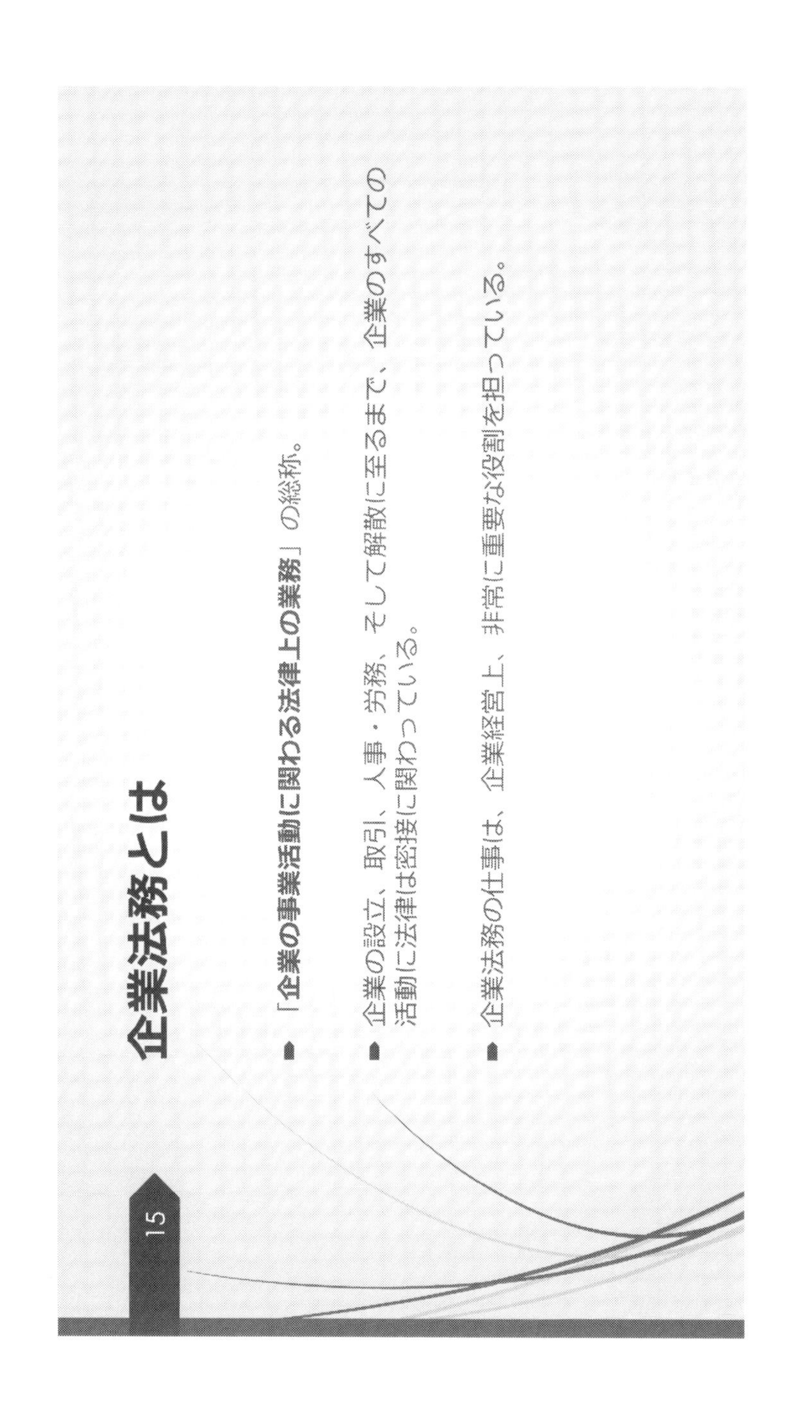
企業法務とは
「企業の事業活動に関わる法律上の業務」の総称。
企業の設立、取引、人事・労務、そして解散に至るまで、企業のすべての活動に法律は密接に関わっている。
企業法務の仕事は、企業経営上、非常に重要な役割を担っている。
15

16

企業法務の側面① – 臨床法務、予防法務 –

- 企業法務の仕事としてまず挙げられるのは、法的トラブルへの対応。
- 取引先の倒産やクレームの発生といった問題が発生した場合に、裁判を含めた法的対応を行い、問題を解決することが求められる。
- このような法務の仕事を「**臨床法務**（治療法務・裁判法務）」という。

- 次に、法的トラブルを未然に防ぐための対応がある。
- 契約締結前に契約書をチェックし、紛争の発生を予防するために条項の追加・修正を行うことや、従業員にコンプライアンス教育を行い、不祥事を防ぐことが含まれる。
- このような法務の仕事を「**予防法務**」という。

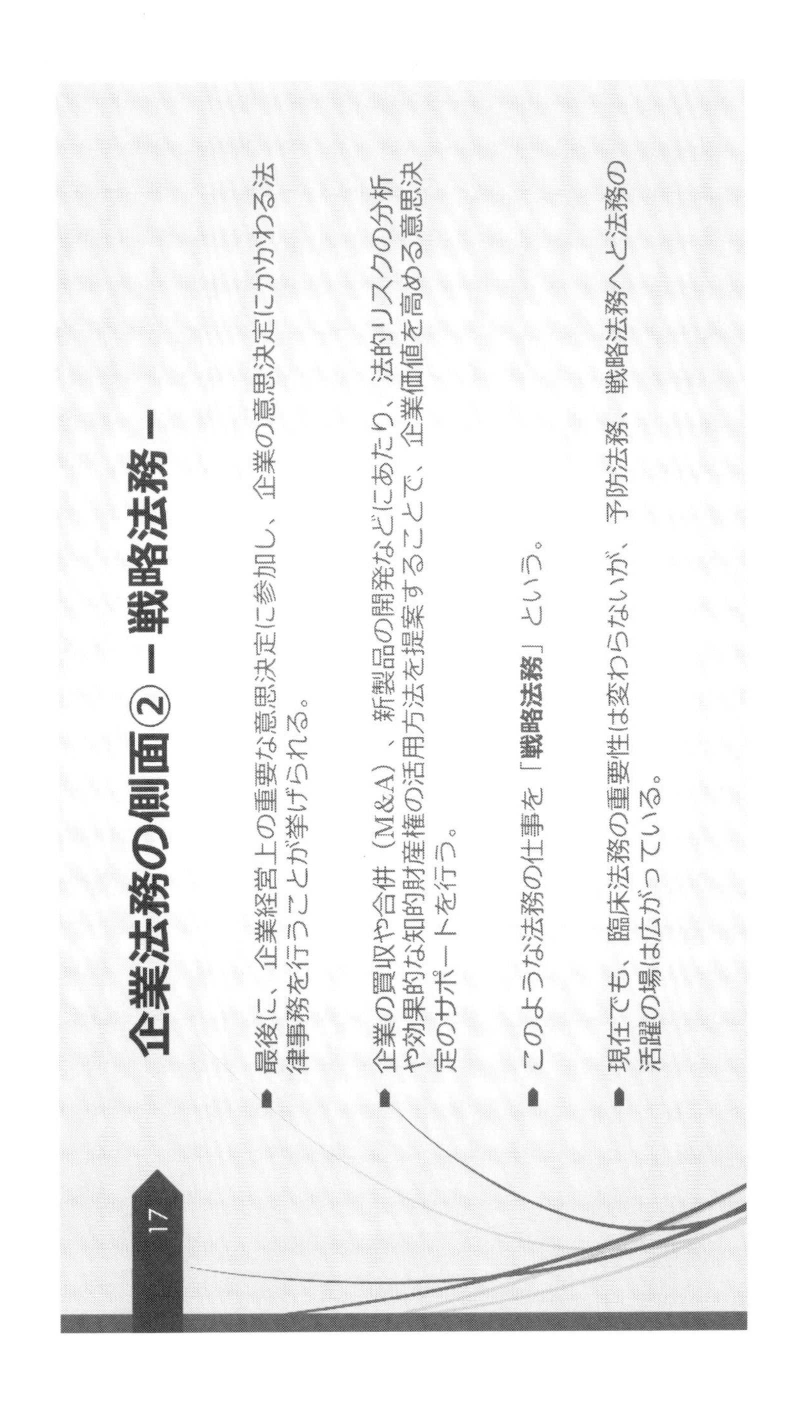
17
企業法務の側面②－戦略法務－
最後に、企業経営上の重要な意思決定に参加し、企業の意思決定にかかわる法律事務を行うことが挙げられる。
企業の買収や合併（M&A）、新製品の開発などにあたり、法的リスクの分析や効果的な知的財産権の活用方法を提案することで、企業価値を高める意思決定のサポートを行う。
このような法務の仕事を「戦略法務」という。
現在でも、臨床法務の重要性は変わらないが、予防法務、戦略法務へと法務の活躍の場は広がっている。

18

法務（部門の）代表的な仕事

- 契約関連業務（契約書の作成、審査、交渉、手続）
- 株主総会、取締役会についての準備、手続
- 不動産業務（担保管理、建設プロジェクト運営）
- ライセンス取得関連（許認可）
- 法律相談、訴訟・係争対応
- アライアンス、M&A等の契約ドラフト、交渉
- リスクマネジメント（社内的危機管理）
- 内部統制、コンプライアンスプログラムの策定と管理
- 知的財産（法的手続、管理）、商標調査
- 顧問弁護士、官公庁との交渉
- 立法・判例動向の調査、分析とビジネスへの適切なフィードバック
- コーポレートガバナンス体制構築の検討

19

法務で必要なスキル

- 企業法務担当者は、幅広い法律知識に加え、業務の実情に精通していることやビジネス推進のための発想・センスが必要。
- 「法律上こうなっている」というだけではなく、企業のビジネスを前進させるための、現実的な解答が求められる。
- 企業法務担当者には、社内・社外の利害関係者との調整能力も求められる。
- したがって、法律知識はもちろんであるが、**バランス感覚**を持った人が法務部では求められている。
- また、**リサーチ能力**、**文書作成能力**も不可欠である。

20

大企業のみならず中小企業でも法務は重要

- 上場企業の約半数は法務部を設置している。
- 一方、中小企業は、コスト面などを理由に法務部を設置しない場合が多い。
- 海外取引の増加にともない、中小企業でも契約書の締結機会が増加している。また、法改正や制度の変化に対応できないまま契約や訴訟対応などを行うことは絶対に避けなければならない。
- 加えて、社内に担当者がいないためにリスクの把握や判断に時間がかかり、ビジネスのスピードに影響が出てしまうこともある。
- これまでも法務は重要であったが、近年さらに法務の重要性は増している。

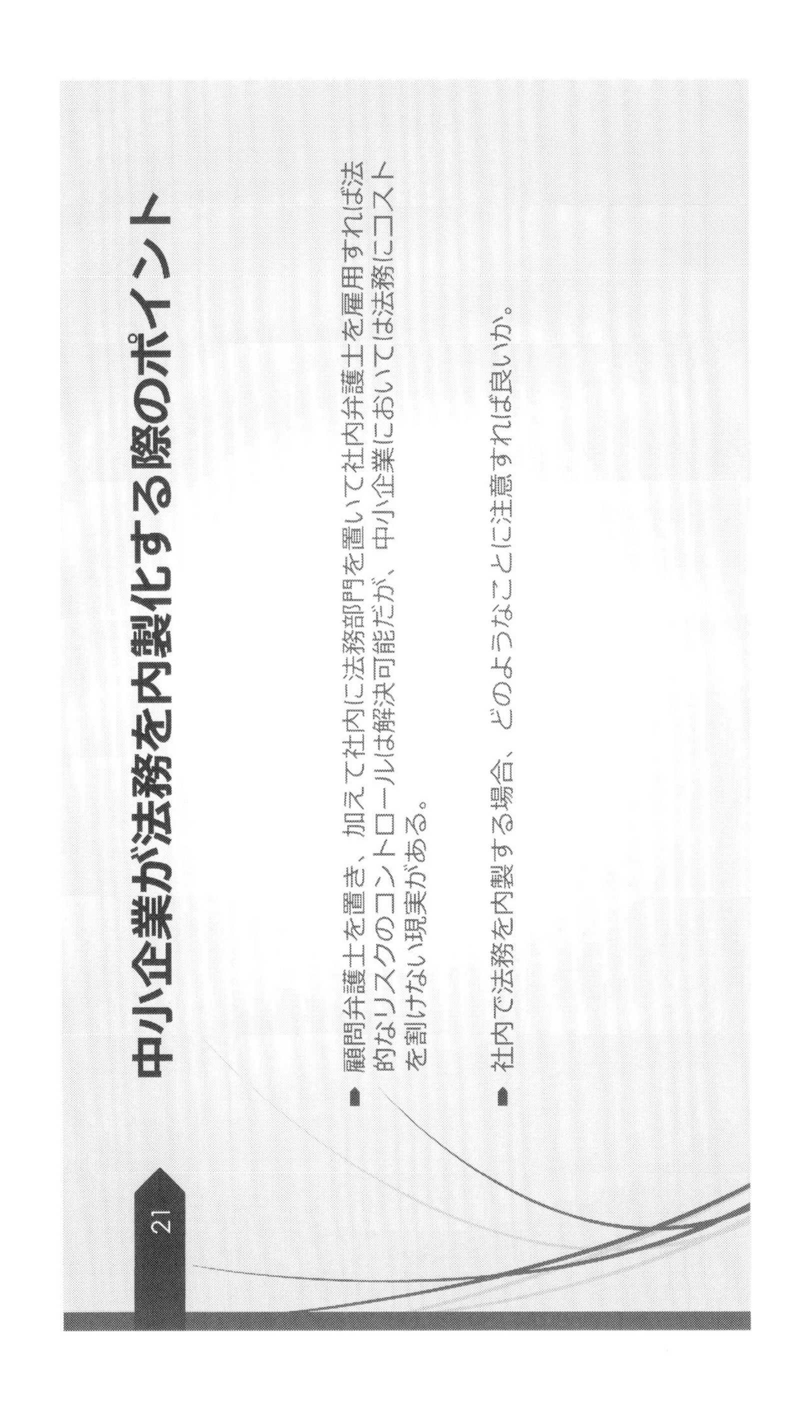
中小企業が法務を内製化する際のポイント
顧問弁護士を置き、加えて社内に法務部門を置いて社内弁護士を雇用すれば法的なリスクのコントロールは解決可能だが、中小企業においては法務にコストを割けない現実がある。
社内で法務を内製する場合、どのようなことに注意すれば良いか。
21

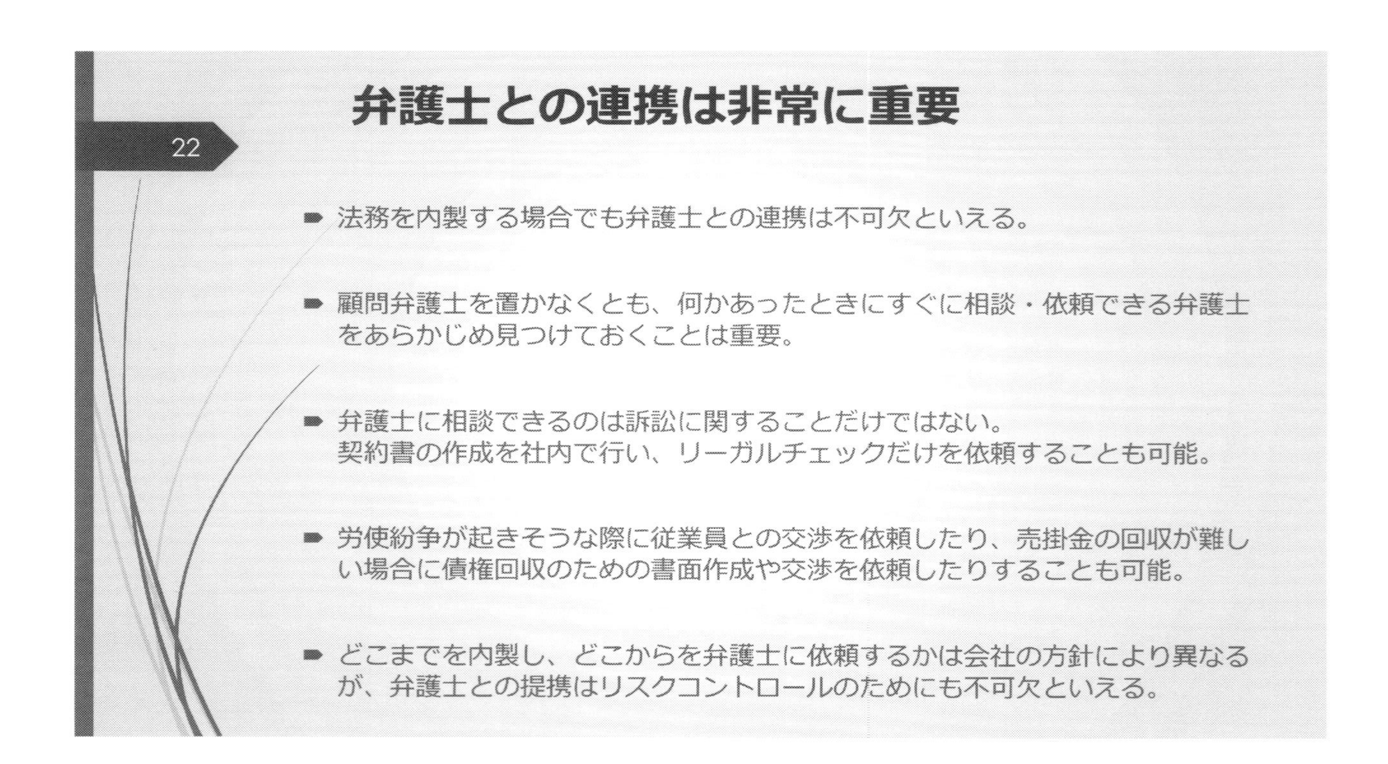
弁護士との連携は非常に重要
22
法務を内製する場合でも弁護士との連携は不可欠といえる。
顧問弁護士を置かなくとも、何かあったときにすぐに相談・依頼できる弁護士をあらかじめ見つけておくことは重要。
弁護士に相談できるのは訴訟に関することだけではない。
契約書の作成を社内で行い、リーガルチェックだけを依頼することも可能。
労使紛争が起きそうな際に従業員との交渉を依頼したり、売掛金の回収が難しい場合に債権回収のための書面作成や交渉を依頼したりすることも可能。
どこまでを内製し、どこからを弁護士に依頼するかは会社の方針により異なるが、弁護士との提携はリスクコントロールのためにも不可欠といえる。

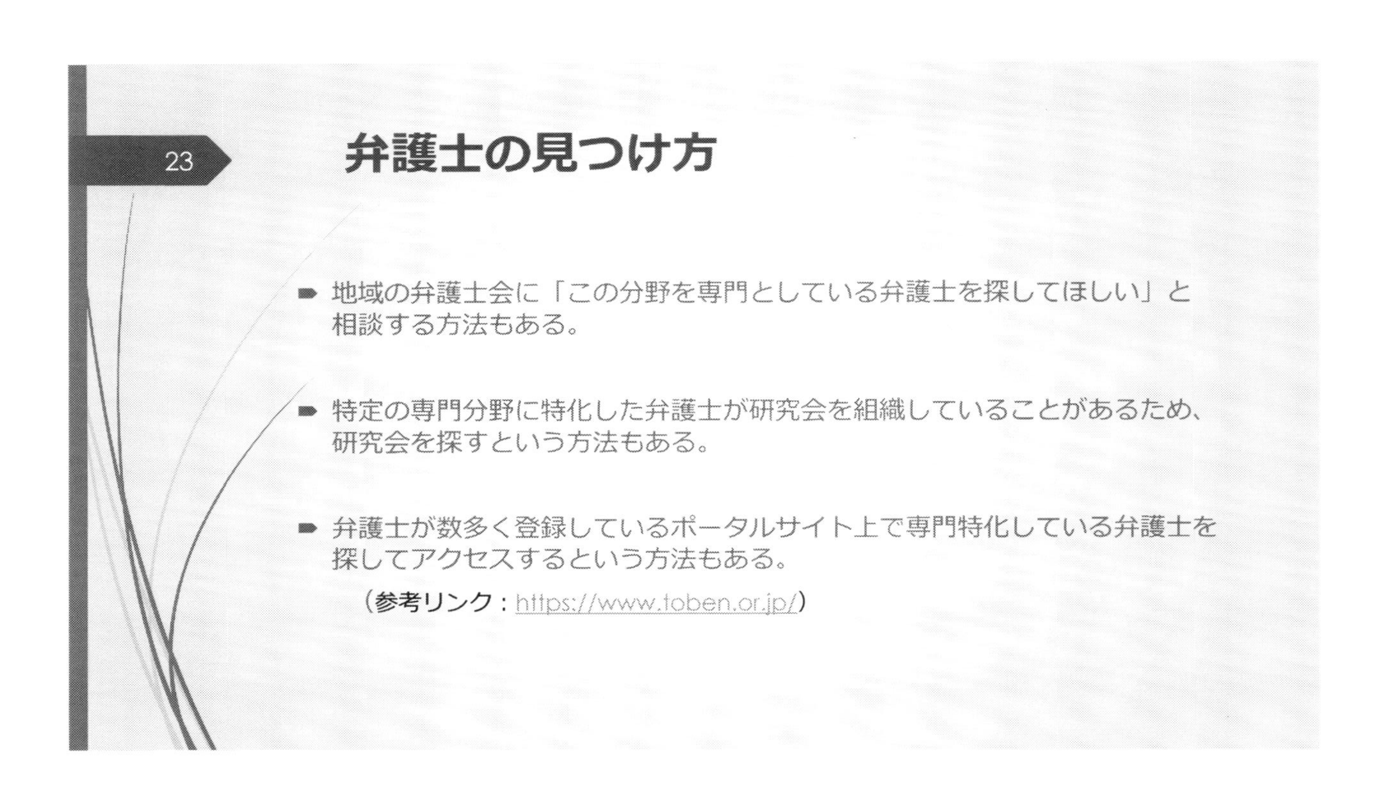
23
弁護士の見つけ方
地域の弁護士会に「この分野を専門としている弁護士を探してほしい」と相談する方法もある。
特定の専門分野に特化した弁護士が研究会を組織していることがあるため、研究会を探すという方法もある。
弁護士が数多く登録しているポータルサイト上で専門特化している弁護士を探してアクセスするという方法もある。
（参考リンク：https://www.toben.or.jp/）

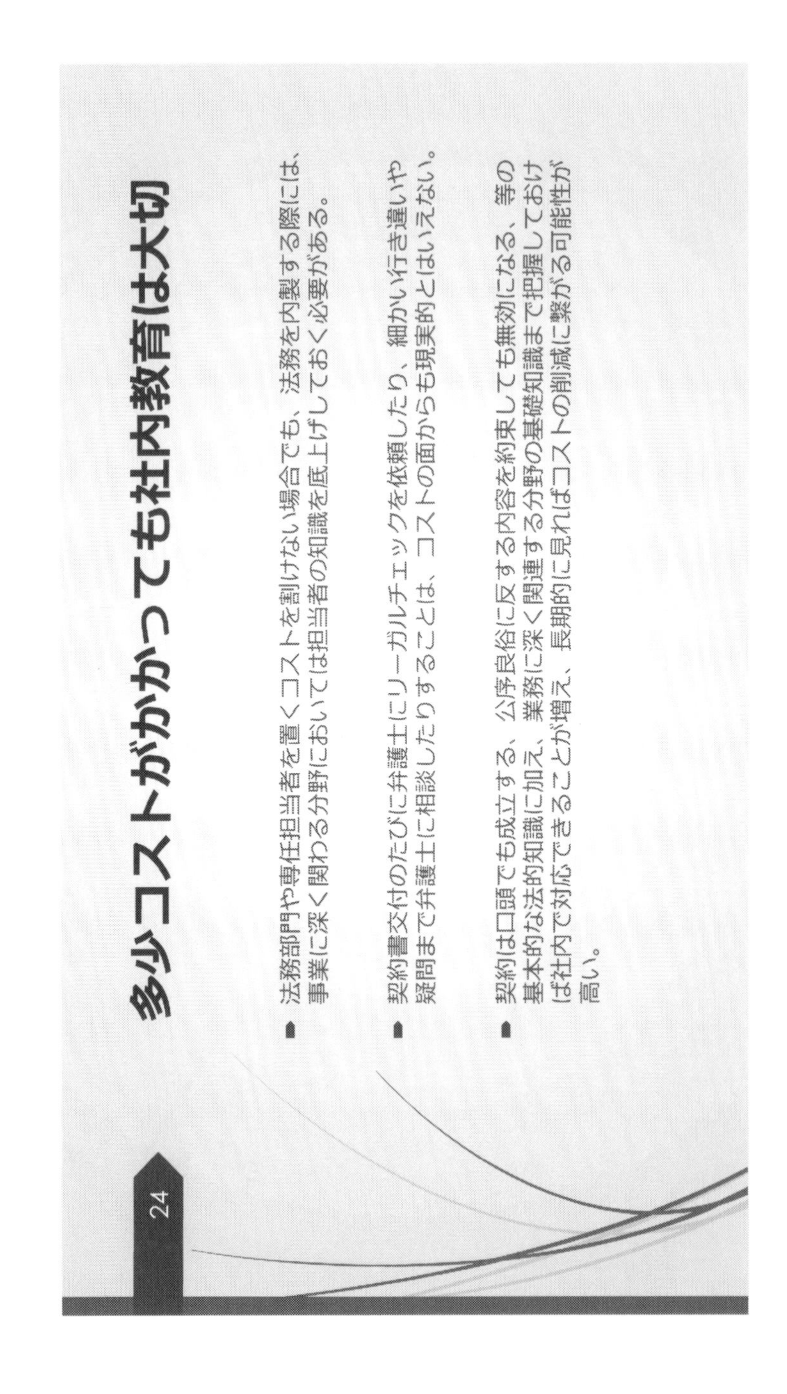
24
多少コストがかかっても社内教育は大切
法務部門や専任担当者を置くコストを割けない場合でも、法務を内製する際には、事業に深く関わる分野においては担当者の知識を底上げしておく必要がある。
契約書交付のたびに弁護士にリーガルチェックを依頼したり、細かい行き違いや疑問まで弁護士に相談したりすることは、コストの面からも現実的とはいえない。
契約は口頭でも成立する、公序良俗に反する内容を約束しても無効になる、等の基本的な法的知識に加え、業務に深く関連する分野の基礎知識まで把握しておけば社内で対応できることが増え、長期的に見ればコストの削減に繋がる可能性が高い。

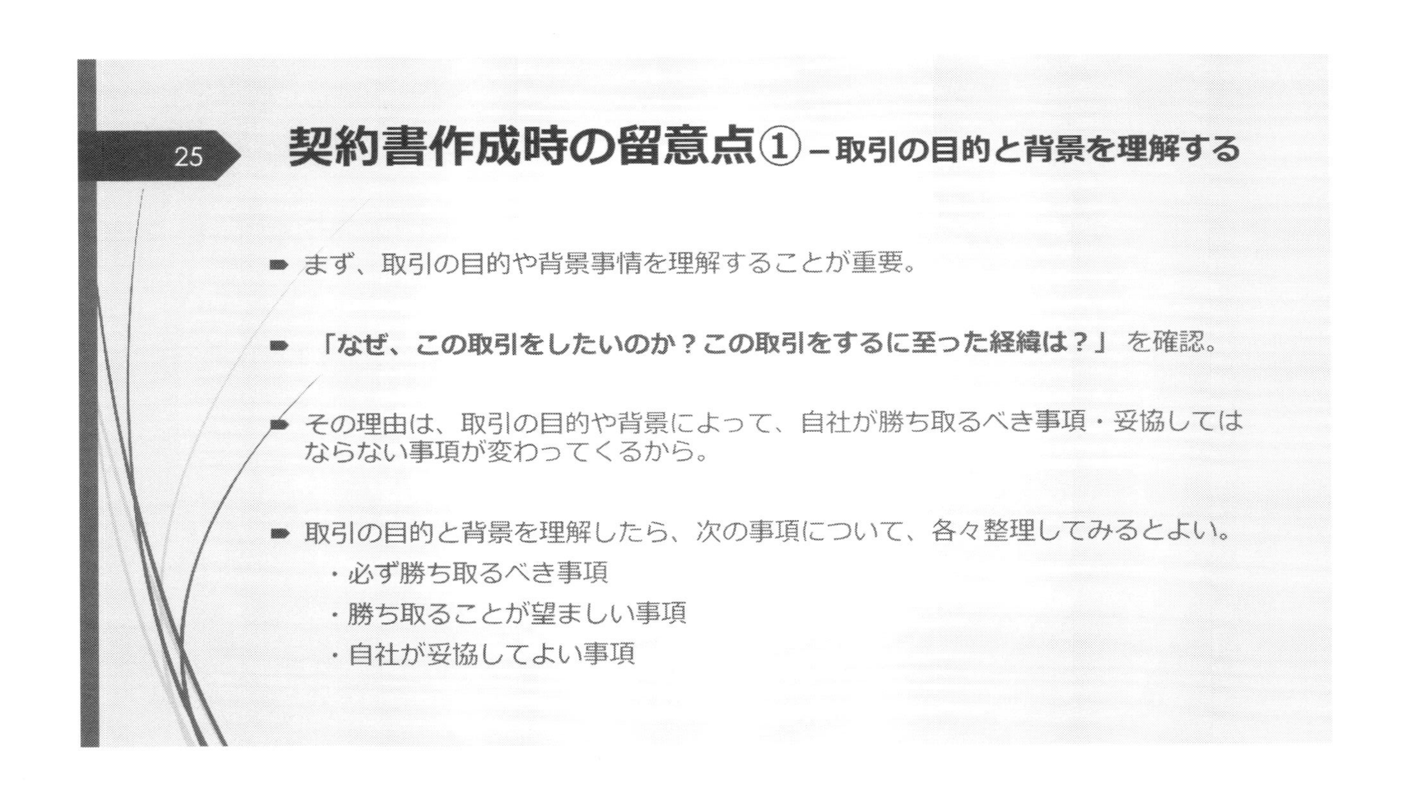
25
契約書作成時の留意点①－取引の目的と背景を理解する
まず、取引の目的や背景事情を理解することが重要。
「なぜ、この取引をしたいのか？この取引をするに至った経緯は？」を確認。
その理由は、取引の目的や背景によって、自社が勝ち取るべき事項・妥協してはならない事項が変わってくるから。
取引の目的と背景を理解したら、次の事項について、各々整理してみるとよい。
・必ず勝ち取るべき事項
・勝ち取ることが望ましい事項
・自社が妥協してよい事項

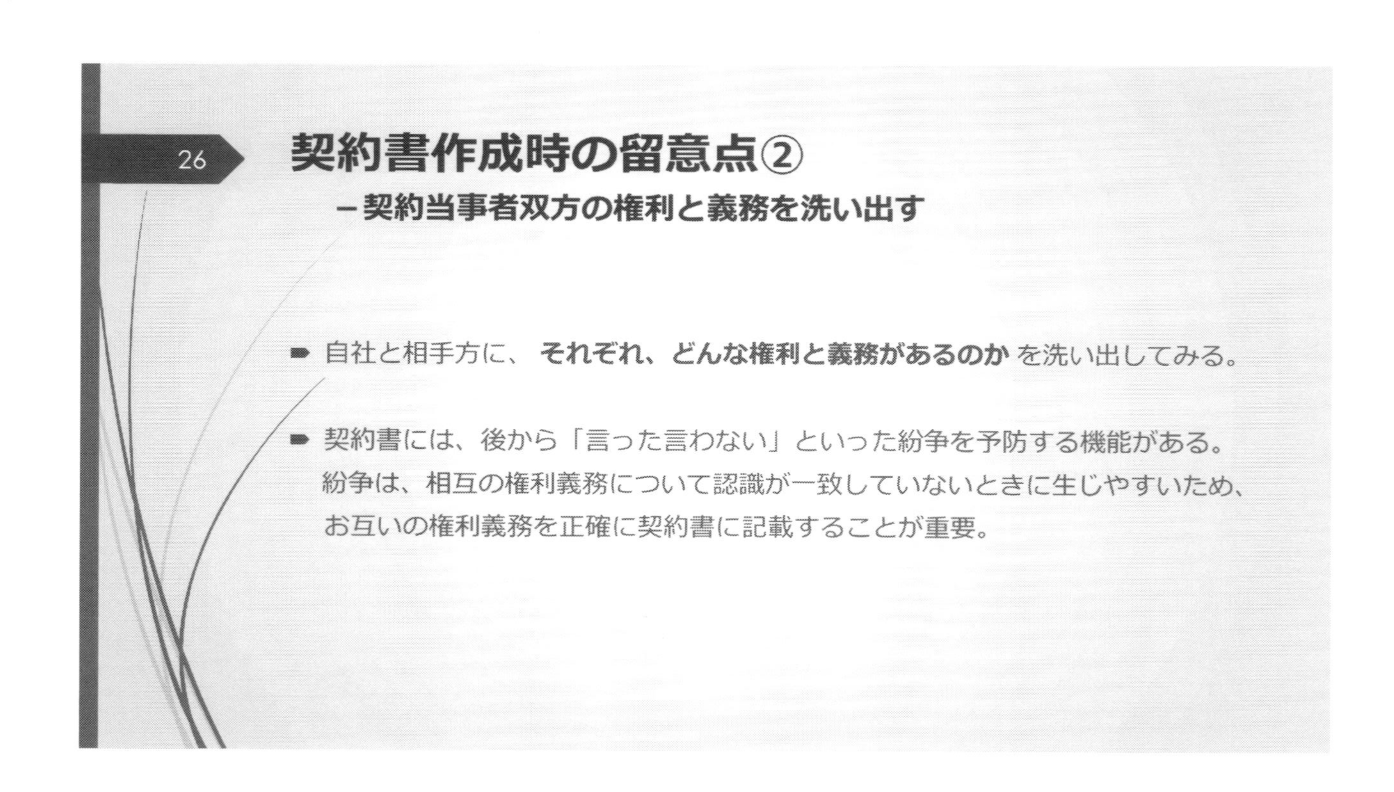
26
契約書作成時の留意点②
ー契約当事者双方の権利と義務を洗い出す
自社と相手方に、それぞれ、どんな権利と義務があるのかを洗い出してみる。
契約書には、後から「言った言わない」といった紛争を予防する機能がある。
紛争は、相互の権利義務について認識が一致していないときに生じやすいため、
お互いの権利義務を正確に契約書に記載することが重要。

契約書作成時の留意点③

－想定されるトラブルを洗い出し、予防できないかを考える

- 想定されるトラブルが自社にとって不利益となる場合には、契約書に予め防御策を記載する。想定されるトラブルの洗い出しには、次の視点が有益である。

トラブルを洗い出すための視点

- ①時系列で考えてみる
  - ・取引の継続中に、起こり得るトラブルはないか？
  - ・取引が終了した後に、起こり得るトラブルはないか？
- ②契約当事者かそれ以外かで考えてみる
  - ・契約の相手方との間で起こり得るトラブルはないか？
  - ・第三者との間で起こり得るトラブルはないか？
- ③損害の性質ごとに考えてみる
  - ・物損が発生する可能性はないか？
  - ・生命、身体への危険はないか？
  - ・営業利益などが失われる（逸失利益となる）おそれはないか？

27

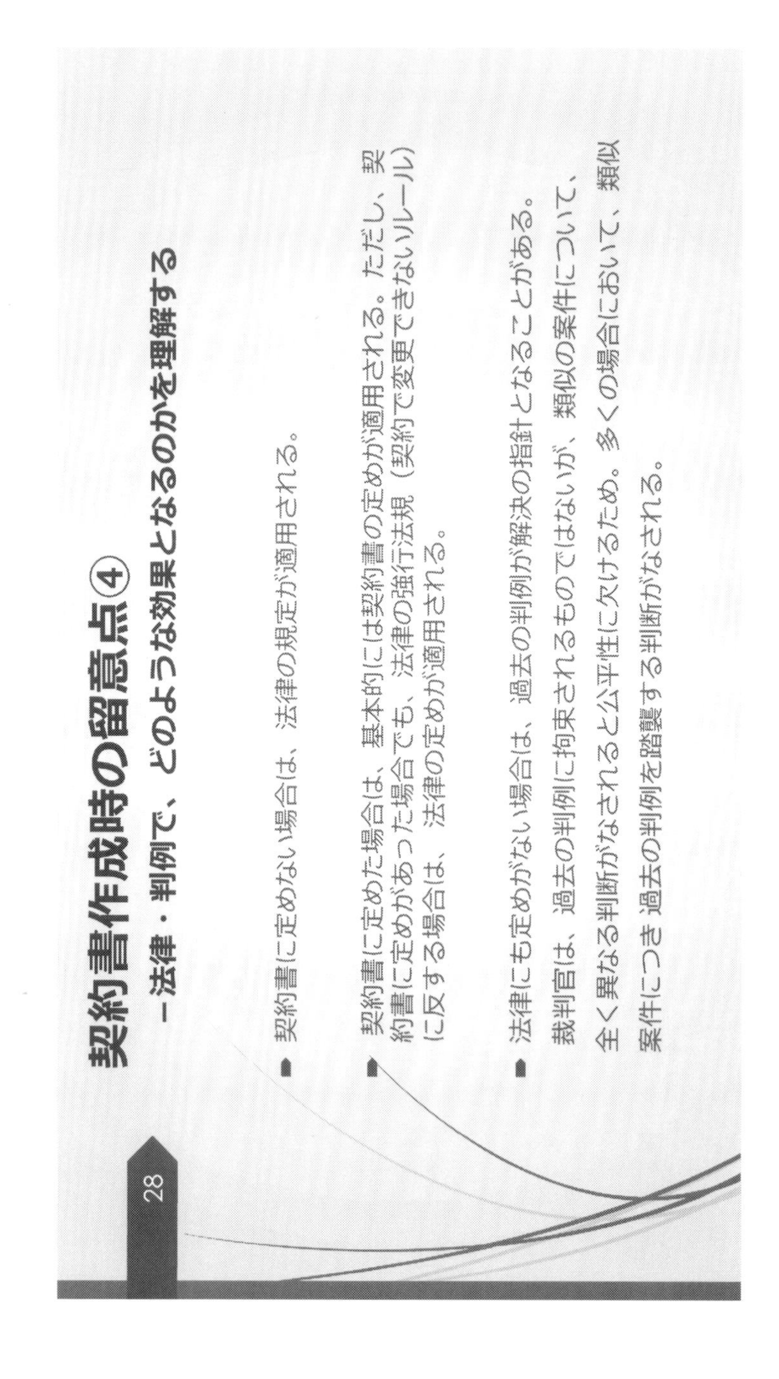
契約書作成時の留意点④
－法律・判例で、どのような効果となるのかを理解する
契約書に定めのない場合は、法律の規定が適用される。
契約書に定めた場合は、基本的には契約書の定めが適用される。ただし、契約書に定めがあった場合でも、法律の強行法規（契約で変更できないルール）に反する場合は、法律の定めが適用される。
法律にも定めがない場合は、過去の判例が解決の指針となることがある。
裁判官は、過去の判例に拘束されるものではないが、類似の案件について、全く異なる判断がなされると公平性に欠けるため、多くの場合において、類似案件につき過去の判例を踏襲する判断がなされる。
28

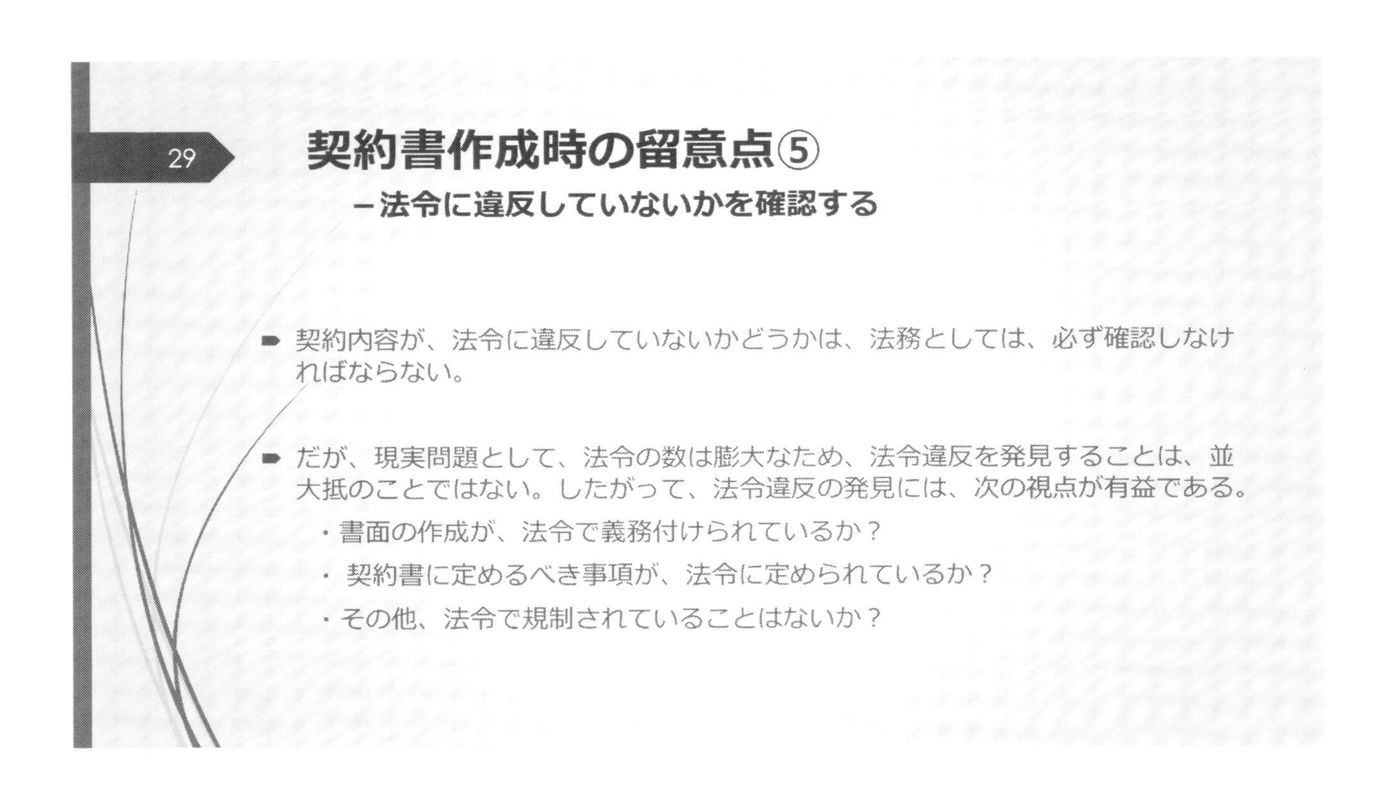
29
契約書作成時の留意点⑤
－法令に違反していないかを確認する
契約内容が、法令に違反していないかどうかは、法務としては、必ず確認しなければならない。
だが、現実問題として、法令の数は膨大なため、法令違反を発見することは、並大抵のことではない。したがって、法令違反の発見には、次の視点が有益である。
・書面の作成が、法令で義務付けられているか？
・契約書に定めるべき事項が、法令に定められているか？
・その他、法令で規制されていることはないか？

第２部　中小企業における法務マネジメントに関する一考察

Ⅰ　はじめに

中小企業は、日本全体の企業数の９９．７％を占め、約３８０万社存在する[1]。この３８０万社の中小企業が、その地域に欠かせない財やサービスを提供し、その地域の雇用を守っている。それぞれの地域経済に根を張り、地域活性化の中心的役割を果たしている[2]。あるときは大企業の裏方として日本経済全体を下支えし、あるときは、大企業では真似できないオリジナルなイノベーションを起こす。変化に即応できるフットワークの軽さは、中小企業ゆえの最大のメリットである。

併せて、我が国の中小企業政策の変遷についても触れておきたい。中小企業政策の端緒は、１９６３年の中小企業基本法の制定である。この法律は、経済の二重構造論[3]を背景とし、「大企業と中小企業間の格差是正」を基本理念として制定された。制定当時、高度経済成長期の我が国においては、「中小企業で働く労働者は社会的弱者」として捉えられる社会的雰囲気があり、こうした者に対しての社会的な施策を講ずるべき、という社会的要請があった。それゆえ、「非近代的な中小企業の産業構造の克服（及びこれによる生産性の向上）」及び「中小企業における不利な取引条件の是正」の二点が、その中小企業政策の中心に据えられ

---

[1] 中小企業庁ホームページ（中小企業基礎データ）
https://www.chusho.meti.go.jp/koukai/chousa/basic_data/index.html

[2] なお、2021年度版中小企業白書によると、中小企業に期待される機能として、

① グローバル型（グローバル展開をする企業）
② サプライチェーン型（サプライチェーンでの中核ポジションを確保する企業）
③ 地域資源型（地域資源の活用などにより立地地域以外でも活動する企業）
④ 生活インフラ関連型（地域の生活・コミュニティを下支えする企業）

の４つの類型に分類している。

[3] 「経済の二重構造」とは、国民経済の産業構造を企業形態別にみたとき、近代的大規模企業が存在する一方、前近代的で家族経営的な中小零細企業が併存し、またこれに対応して所得の規模別格差が著しい状態（「ブリタニカ国際大百科事典」より）を言う。

たのである[4]。

その後我が国は、バブル経済の崩壊を経験し長期低迷期を迎えることになる。この長期低迷期を通じて、中小企業を取り巻く環境は大きく変化した。グローバリゼーションの深化に伴い、海外生産・海外調達が大企業を中心に加速した。これにより国内製造業の「空洞化」が進展した。また小売業においても、１９９１年の大規模小売店舗法が改正[5]とモータリゼーションの進展を背景に各地で大型ショッピングセンターの出店が進むことになった。この結果、商店街など小売業の「空洞化」も進展することになる。また、長期低迷期が続くことで価格競争は激化し、中小企業は損益面でも大きな打撃を受けることになる。加えて、１９９５年の住宅金融専門会社の不良債権問題が顕在化し、住専８社中７社が経営破綻した。これに端を発する金融危機により、金融機関の中小企業への「貸し渋り」「貸し剥がし」などが社会問題化し、金融面においても中小企業は深刻なダメージを受けることとなる。

こうした危機的な経済状況により、我が国の産業構造において従来中小企業が担ってきた「ダイナミズム」に対する喪失懸念が高まっていく。これを受け、１９９９年に中小企業基本法は改正された。この改正において中小企業を従来の「弱くて守るべき存在」から「我が国経済の発展と活力の源泉」と定義し直した。基本理念を「中小企業の多様で活力ある成長発展」に新たに据え、政策面においても「中小企業の自助努力を正面から支援する」という理念に舵を切る[6]。１９６３年制定当時の「中小企業を守る」政策から、１９９９年改正で「中小企業で攻める」政策に変更した、と言い換えて良い。

一方で、近年は社会全体として法令遵守意識や法令のみを対象とせず社会規範なども含む広い概念であるコンプライアンス意識が高まってきている。このことと中小企業は決して無縁ではない。例えば「採用」や「雇用」というシーン

---

[4] 中小企業庁ホームページ（中小企業政策の変遷）

https://www.chusho.meti.go.jp/koukai/kenkyukai/npo/2014/140818npo4.pdf

[5] 大規模小売店舗法は、「消費者の利益の保護に配慮しつつ、大規模小売店舗の事業活動を調整することにより、その周辺の中小小売業者の事業活動の機会を適正に保護し、小売業の正常な発展を図ることを目的」とした法律であり１９７４年に施行された。百貨店、量販店などの大型店舗の新規出店に際しては、この法律に基づいて「大規模小売店舗審議会」が出店の審査を行うことになっている（いわゆる「出店調整」）。この枠組みは、１）既存の小規模小売店舗、２）既存の大規模小売店舗による「既得権益化」しやすいという課題があった。これに加えて、日米の貿易拡散を縮小する目的で開催された日米構造協議において、アメリカ合衆国より「大規模小売店舗法は非関税障壁と考えられ撤廃すべきだ」と要求が、１９９０年に出された。こうした事情を配慮し、翌１９９１年に大規模小売店舗法が改正され、これまでの出店調整が廃止されることになった。これ以降、この法律の運用が大幅に緩和され、各地で大規模なショッピングセンターの進出が進むこととなる。

[6] 脚注４参照。

においては、「働き方改革」に関連する長時間労働やメンタルヘルスケア体制などへの理解と対策は欠かせない。また、「イノベーション」や「新規事業への参入」というシーンであれば知的財産権や商標登録、また（異業種への進出の場合）業界関連法令に関する知識も必須であろう。また個人情報や機密情報の保護、債権管理・回収にいたるまで、求められる法律的知識は多様で多岐にわたる。企業経営のさまざまな局面で、常に法律的課題がついてまわる。更には中小企業では「事業承継」という新たな課題も喧伝されるようになった。事業承継に対しM&Aという手法を用いるのであれば、ここでも把握しておくべき法律的課題が存在する。

「国や地域からポジティブな役割」を期待されている中小企業がその期待を果たすためにも、中小企業における法務マネジメントは欠かせない時代となった。そこで本稿では、中小企業の法務マネジメントに関して論じたいと思う。なお本稿は主に、県立広島大学経営管理研究科ビジネス・リーダーシップ専攻で履修した「企業法務」「経営マネジメントとコンプライアンス」「戦略法務」での議論を下敷きにしていることを予め述べておきたい。

まずは、中小企業の法務マネジメントの検討に先立って、中小企業が直面する「特有の法務マネジメント上の課題」を整理しておく。この「特有の課題」については、主に大企業と比較しながら進めていくこととする。

Ⅱ　中小企業特有の法務マネジメント上の課題について

本項では、中小企業特有の法務マネジメント上の課題について論じたい。まず一般論として、中小企業では「法務マネジメント」に対し、その理解や具体的な対応の面において、大企業と比べても貧弱であると言われている。この「貧弱さ」をもたらす中小企業特有の要因について、ここでは1）中小企業の規模（の小ささ）、2）中小企業の財務基盤（の弱さ）に、そして3）中小企業の監査機会（の少なさ）、の三つを挙げたい。

以下、それぞれの要因がもたらす中小企業特有の法務マネジメント上の課題について論を進めたい。

１．中小企業の「法務サービスへの日常的なアクセスビリティ」

中小企業の法務マネジメントの貧弱さをもたらす要因の第一として、小企業と大企業との「規模」の相違を挙げた。この規模の相違はすなわち、社員数、売上高、得意先数、仕入先数、生産拠点数、販売拠点数などの相違であり、その結果としての社会との接点数の相違につながる。一般的に、社会との接点数が多ければ多いほどその分、法務リスクも高くなると考えてよい。中小企業においては社会との接点数が大企業よりも少ないため、その分法務リスクが発生する頻度自体も低くなると言える。

もう少し具体的に、個別の事情も見ておきたい。例えば、大企業を継続的な主要顧客としているような中小企業の場合、その取引においては顧客である大企業側の法務マネジメントに追従するケースが多いであろう。このケースでは、中小企業の側で契約書などを吟味するインセンティブは低くなるであろう。あるいは一般消費者に財・サービスを提供するようなＢtoＣビジネスに従事する中小企業を考えてみる。一般消費者が顧客の場合、仮に取引上のトラブルが生じたとしても、そのことが訴訟・裁判に直結することは考えにくい。訴訟・裁判に対する費用負担は、一般の消費者にとっては大きすぎるからである。こうした「法務リスクの発生頻度の低さ」と「法務マネジメントの必要性の低さ」とは、中小企業特有の傾向であり、その結果社内社外の法務サービスに接する機会自体が少ない。

一般的に、企業における法務サービスの担い手は、１）企業内におけるおいては法務部門・法務担当者、そして２）企業外においては弁護士、と大別することができる。経営法友会が定期的に実施している法務部門の実態調査によれば、従業員3，０００人超の企業では部レベルと課レベルを合わせた法務部門設置企業は９割を超える[7]。しかしながら、中小企業においてはマンパワーに限界があり、単独で法務部門まで有する企業はごく限られている。その結果、中小企業では多くの場合、法務対応窓口は、総務部門や経営者などが法務担当者として兼務することとなる。さらに、東京商工会議所が実施した「中小企業の法務対応に関する調査」[8]（東京２３区内に事業所を持つ企業が調査対象）によると、法務担当者を置いていない企業数も、全体の約３分の２（６５％）を占める。

また、企業外部における法務サービスの担い手である弁護士についても見てみたい。中小企業経営者が集まるある会のメンバーの一人である弁護士にイン

[7] 経営法友会『会社法務部【第１１次】実態調査の分析報告』

[8] 東京商工会議所「中小企業の法務対応に関する調査」
http://www.tokyo-cci.or.jp/file.jsp?id=1010348

タビューをしてみた。「その会に入会している中小企業において、弁護士と顧問契約まで締結している企業はどれくらいだろうか」という質問に対し、彼の回答は「体感ベースでは１０～１５％程度であろう」というものであった[9]。この結果も、日常的に法務リスクが発生する頻度と、それに伴う法務マネジメントの必要性が、表れているものと考えられる。

加えて、マンパワーやコストによる制約についても考慮に入れる必要がある。滅多に発生しない法務リスクに対して、マンパワーやコストをかけないという判断は、その意味では合理的である。しかしながら、こうした判断は「法務リスク」に対する消極的・受動的な態度であるともいえる。後述する「予防法務活動」や「戦略法務活動」などの積極的・能動的法務マネジメントが求められる領域においては、不十分な結果を生じることになる。

２．中小企業の「法務リスクへのレジリエンス」

続いて、ここまで触れてきた法務リスクについて、詳しく検討したい。大企業においては、新聞記事を２０２２年８月の一ヶ月間定点観測しただけで、関西電力（経営トップの不正会計）、西松建設（現場代理人の不正会計）また日野自動車（試験データの改竄）などの不正事例を数多く見出せる。しかし「法令違反・コンプライアンス違反で倒産にまで至った」上場企業の事例は、２０１５年の江守ホールディングス（中国子会社の不正会計）まで遡る。そもそも大企業は、その財務面や信用面を背景に「(法務リスクに限らず）リスク全般への受容力」そのものが、中小企業よりも高いといえる。

反面、中小企業は「法令違反・コンプライアンス違反」による倒産リスクが高い。事実、毎年２００社前後の中小企業が、「法令違反・コンプライアンス違反」を原因に倒産している[10]（上場企業倒産事例の調査から、この数字は上場企業を除く数字と考えて良い）。特に近年では金融機関において、融資の継続条件の一つとして「法令遵守・コンプライアンス遵守」を重視する傾向が顕著である。これには、金融機関自身のコンプライアンス意識の高まりが反映されている。この

---

[9] なお脚注２で紹介した東京商工会議所の「中小企業の法務対応に関する調査」によると、東京２３区の中小企業では、顧問弁護士の雇用率は３７％にのぼる。本稿で触れたインタビューと比べても２倍の差異が生じている。これは主に弁護士が都市圏に集中していることと関連しているものと推測される。詳細の分析は本稿の目的ではないため、この差異に関しては割愛する。

[10] 帝国データバンク「コンプライアンス違反企業の倒産動向調査（２０１９)」
https://www.tdb.co.jp/report/watching/press/pdf/p210403.pdf

ことからも、「法令違反・コンプライアンス違反の発覚」は即座に「市場からの退場」に至る、という極端な結果を、起こりうるリスクとして十分考慮に入れて、経営を舵取りしなければならない。

想定できなかった損害賠償請求や、習慣化していた残業に対する未払い賃金請求、個人情報や機密情報の漏洩など、法務リスクは数多く存在する。これらのリスクは、経営に直結する影響を与えかねない。財務面や信用面からも、中小企業の「法務リスクへのレジリエンス」は脆弱なのである。

３．中小企業の「法務監査の受診機会」

また、中小企業においては、法令違反・コンプライアンス違反にトップが関与するケースが多い、という実態も指摘しておきたい。粉飾決算や脱税などは、不正会計や横領などと異なり、財務担当者や経理担当者が単独で手を染めることは考えにくい。また、業法違反（例えば建設業者であれば建設業法、トラック貨物輸送業であれば貨物自動車運送事業法など）についても、経営トップの関与がない限り、違反事例は発生しにくい。あるいは、労働基準法や労働安全衛生法など労務関連法令、また個人情報や客先機密情報などの漏洩に対するコンプライアンスなどは、トップのコミットメントが大きく関わってくる。

ある税理士にインタビューしたところ「節税と脱税の境界が曖昧になっているような、主観的にみて倫理観が低いと言わざるを得ないクライアントは一定数存在する」との答えを得た。無論、客観性の乏しい意見であることは承知しているが、とはいえ一面では中小企業経営者の実態を表しているとも言える。いずれにせよ、中小企業の経営者それぞれが持つ倫理観については、大きな偏りや幅が存在することは認めて良いと思う。

さて、こうした偏りや幅が生まれる理由の一つに、本稿では監査制度を挙げておきたい。監査役はそもそも、「株主の負託」を受けて取締役の職務執行を監査する独立の機関である[11]。この「株主の負託」であるが、上場企業と異なり中小企業においては、株主がイコール経営者である場合が極めて多い。監査が有効に機能しにくい。企業の内部や外部からの監視が行き届かない結果、いわゆる「不正のトライアングル（機会・動機・正当化）」[12]のうちの「機会」（不正行為の実

---

[11] 公益社団法人日本監査役協会「監査役監査基準（２０２２）」
https://www.kansa.or.jp/wp-content/uploads/support/el001_150731_2_1a.pdf

[12] 「不正のトライアングル」とは、米国の犯罪学者ドナルド・Ｒ・クレッシーが犯罪者への調査を通じて導き出した要素を、Ｗ・スティーブ・アルブレヒト博士が図式化した理論である。この理論では、不正行為が発生する要素として、①機会（不正行為を可能又は容易にする客観

行を可能または容易にする客観的な環境）は、中小企業の経営者に対して、常に存在することとなる。

本来は、株主と経営者が同一人物であったとしても、企業経営においては、適正なコーポレートガバナンス体制を確立することが求められており、監査役には、それを担保する役割が期待されている。しかしながら、現実問題として、中小企業においては監査役に期待されるような外部からのリーガルチェックを受ける機会は乏しいと言える。

以上の通り、1）法務サービスへの日常的なアクセシビリティの低さ、2）法務リスクへのレジリエンスへの低さ、3）法務監査の受診機会の少なさ、の三点を、中小企業が抱える「法務管理上の特有の課題」として指摘した。しかしながら、中小企業は、例えば会計監査基準や法律遵守においては、大企業ほど制約が大きくない。このことが、中小企業に自由度の高い経営を促し、アントレプレナーシップが発揮しやすくなっていることも事実である。このことが中小企業の多様性を担保し、地域経済を担っている、ということも併せて強調しておきたい。

Ⅲ　企業法務について

ここで視点を変え、「企業法務（ビジネス法務）」について、その全体像を詳しくみていきたい。企業法務とは「企業活動に関する法律業務」を指すが、その内容は、クレーム対応や訴訟対応、あるいはM＆Aや知的財産の活用なども含み、多岐にわたる。企業法務は、企業活動のあらゆる場面で必要とされる業務である。この企業法務は、一般的に「臨床法務」「予防法務」「戦略法務」の３つのカテゴリーに分類されることが多い。それぞれの概略と主な担い手について、以下詳述しておく。

１．臨床法務について

＜概略＞

臨床法務とは、倒産処理や訴訟対応、あるいはクレーム対応などの法的紛争が、現実に生じた場合にそれを直接解決する法務を言う。「病気になったので医者へ

的な環境）、②動機（プレッシャー又はインセンティブ）、③正当化（不正行為の実行を積極的に是認する主観的な事情）の三つを挙げている。

行き、医師による治療を直接受ける」という行為に喩えることができる。具体的な内容としては、債権回収・保全（仮処分、仮差押えなど）、損害賠償請求（また和解交渉）、社員からの訴訟（ハラスメントや未払い残業代請求）などが挙げられる。

<主な担い手>

すでに法的紛争が現実化している以上、裁判所や相手方弁護士との対応が必要であり、この「臨床法務」の担い手は、主に弁護士が担うことになる。企業内法務部門がある場合は、この法務部門と弁護士とで連携しながら対処していくことになる。

２．予防法務について

<概略>

予防法務とは、企業が法的紛争を避けるため、また紛争発生時の悪影響を減らすために予防的に行う法務活動である。「健康診断を受けたら、尿酸値が高かった。痛風の発作を避けるため医者へ行き、薬を処方してもらう」といった行為に喩えることが可能であろう。先述の臨床法務が「有事」の活動であり、予防法務は「平時」の活動である、といった違いがある。具体的には、取引に関する契約書のチェックやレビュー、コンプライアンス教育（ハラスメント・情報漏洩・長時間労働など）、メンタルヘルスケア体制確立などが挙げられる。内部通報制度の確立なども効果的な予防法務活動の一つである。

<主な担い手>

予防法務においては、当該企業の内情・実態や文化・風土に照らし合わせながら進める必要があり、そのため企業内法務部門が担い手の中心となることが望ましい。その一方で、アウトソースできる外部法務サービスも近年は充実が著しい。例えば、契約書のチェック・レビューにおいては、ＤＸを活用した「契約書レビュー支援ツール」が大きく業績を伸ばしている[13]。メンタルヘルスにおいては行政の後押しも受け、外部カウンセラーの数が増加している。あるいは「コンプライアンス教育」に関しても、コロナ禍での在宅ニーズも追い風にして、Ｏｆ

---

[13] リーガルテック企業「リーガルフォース」が２０２２年６月に約１３７億円を調達したことで話題になった。その一方でAIを使った契約審査サービスが、弁護士法７２条が規定する「非弁行為（弁護士だけができる行為を弁護士以外の者が行うこと）禁止」に抵触するかどうかについては、まだ議論の余地が残っている点にも留意が必要である。

ｆ－ＪＴでの企業教育サービスが急速に普及している。

３．戦略法務について

<概略>

そして最後に戦略法務について触れる。戦略法務とは、法律知識やスキルを経営戦略に反映させる法務活動である。新たに挑戦すべき経営課題に対して、リスクの洗い出しと評価、軽減策や回避策の立案などを実施し、それにより経営者の経営判断のサポートを行う。「生活習慣病の予防のため運動習慣をつけた。この運動習慣を背景に新しいこと（例えばマラソンなど）に挑戦する」といった比喩が可能であろう。具体的には、新規事業の立ち上げ（当該事業の法規制・特許・商標など）、Ｍ＆Ａ（法務ＤＤなど）、海外展開（進出相手国の法令確認や登記など）、そして知的財産のビジネス活用といった領域で、戦略法務が求められることになる。

<担い手>

この領域においては、コンサルタント会社が主な担い手になろう。Ｍ＆Ａにせよ、海外進出にせよ、知的財産の活用にせよ、戦略法務の対象とする法務活動は、極めて専門性が高い。企業内法務部門を有していたとしても、これら専門性の高い法務課題に対して、決して活動頻度が高いとはいえない。また弁護士も同様である。通常の弁護士であれば、損害賠償請求や労働関係訴訟など比較して、こうした課題に直面する機会は少ないであろう。それゆえ、まずはコンサルタント会社、そしてコンサルタント会社を支える専門性の高い弁護士、が戦略法務活動のおける中心的役割を果たすことになる。

以上、多岐にわたる企業法務について、「臨床法務」「予防法務」「戦略法務」の３つのカテゴリーに整理・分類し、それぞれの概略と主な担い手について述べた。この「担い手」については、社内資源である企業内法務部門、そして社外資源である弁護士、外部のリーガルサービス会社、そしてコンサルタント会社、に大別することができる。もちろん、複数の担い手を相互に連携させることにより、期待される効果がさらに高まることは言うまでもない。次項より、臨床法務・予防法務・戦略法務の各カテゴリーに沿って、中小企業が取り得る施策について論じていきたい。

Ⅳ　中小企業における臨床法務マネジメントについて

臨床法務の主な担い手は、先述した通り弁護士である。この弁護士に対して企業側は、顧問契約を結ぶか、スポット契約とするか、の選択肢を有している。顧問契約の場合は、月々の法律顧問契約料が発生する。この費用は企業にとっては固定費的な負担となり、検討にあたっての最優先事項になるであろう。一方スポット契約であれば、事案の発生都度で個別に弁護士に「相談」し、その上で契約を結ぶこととなる。ゆえに費用負担は、変動費的な扱いとなる。

ただし、場合によっては「相談」段階から費用が発生することもある。また相談したい事案が、相手方弁護士の得意分野かどうか、といったことまで一度の相談で依頼者側が判断することは困難である。この通り、顧問契約を結ぶか、スポット契約で進めるか、は完全に経営判断の領域である。その企業が経営全体における法律リスクに対する「リスクアセスメント（その頻度や程度をどのように見積もるのか）」の結果次第によって、結論は変わる。

1．顧問契約について

弁護士との契約を、顧問契約とするか、また発生都度のスポット契約で進めるかは、経営判断に関わる問題である。ここで顧問契約を締結しておいた方が望ましいと思われる事例を二つ挙げておく。まずは、緊急性が高く、スピード感が求められるケースである。例えば債権回収事案などは、これに該当するであろう。取引先が突然倒産した際、その事実を知ってから慌てて弁護士を探していたのでは、時機を失する可能性がある。それだけでなく、本当に債権回収を得意とする弁護士なのかどうか、吟味する時間がない。

二つ目の事例は、製品に対するクレームなどの場合である。こうしたケースで、相手先がいきなり裁判に持ち込むことはまず考えにくい。一般的には、発生したクレームに対し、まずは相手方との交渉がはじまる。その交渉を通じて、お互いに譲れない段階になって訴訟に至る。この場合、顧問弁護士を雇っていなければ、訴訟になった段階で弁護士を探すことになる。しかしながら、すでに顧問弁護士を雇っていれば、訴訟に至る前のクレームに対する対処交渉の段階で、法律的なアドバイスを得たり、場合によってはその対処交渉自体に参加してもらったり、といった対策を取ることができる。

こうした「訴訟になった場合はこうなるであろう」、「訴訟を防ぎたいのであれば、この辺りが妥当だろう」などといった交渉戦略に関するアドバイスは、クレーム交渉においては非常に重要である。また、「訴訟になった場合に備えて、交こういう言い方はしない方がいい、こういう書面を残しておくべきだ」などの交渉戦術に関しても、有益なアドバイスを得ることができる。

また付加的なメリットにはなるが、実際の訴訟になった場合に、その着手金などの弁護士費用を割り引いてくれる「顧問割引」制度を適用している弁護士事務所も多い。先述した「法務リスクに対するリスクアセスメント」に加えて、「費用対効果」の側面も考慮しながら、顧問契約の妥当性を検討すべきである。

2．リーガルセカンドオピニオンについて

臨床法務において、リーガルセカンドオピニオンについても触れておきたい。医療業界では、主治医以外の医師から治療方針に対するセカンドオピニオン得ることは一般的になりつつある。同様に、法律に関する事案でもセカンドオピニオンを取ることは極めて有効である。複数の意見を聞いておくことで、情報量が増え、より広い視野で判断や決断を進めることができるようになる。

先にも触れた通り、弁護士には得意分野がある。個人（離婚・相続・交通事故など）を得意とする弁護士もいれば、法人を得意とする弁護士もいる。そして、法人を得意とする弁護士であっても、企業法務には労働関係、不動産関係、契約・債権回収、債務整理など様々な分野があり、その弁護士のこれまでの経験やキャリアに応じた守備範囲が存在する。これに加えて、M&Ａや知的財産、海外法務などの極めて専門性の高い法務分野も存在する。

顧問弁護士といえども、その得意不得意がある以上、発生した法律課題に対して、その対応を完全に一任することは企業としては適切な態度とはいえない。仮に顧問弁護士に任せるとしても、例えばセカンドオピニオンを得る可能性があることや、得たいという意志を持っていることなども、事前に伝えてくことが望ましいであろう。なぜならば、「最後に判断し決断するのは経営者」であるからだ。

Ⅴ　中小企業における予防法務マネジメントについて

既に訴訟や紛争が現実化している臨床法務とは異なり、予防法務はそうした事態の発生を防ぎ、発生したとしてもその影響を最小限に抑えるための活動である。それゆえ予防法務は、中小企業における経営トップの意思や努力に応じてその活動の成果は大きく変化する。また予防法務という性質上、法律の専門家（社外であれば弁護士、社内であれば法務部門）を必ずしも必要としない分野も存在する。

法律の専門家を必要としない予防法務活動として、１）内部通報制度の整備、２）コンプライアンス教育の拡充、３）メンタルヘルス対策の３つを挙げることができる。もちろんこれらの取り組みは、弁護士と連携することでさらに効果が高まる。この場合、この弁護士との連携の機会を、先に述べた「法務監査」と捉え、とりわけ労務に関する自社の対応状況について、「外部から監査を受ける機会である」と考えることも可能である。

１．内部通報制度の整備

日本公認不正検査士協会の資料[14]から二つのデータを紹介する（ここで紹介する資料は全て、アメリカ合衆国で発生した、主に会計・財務に関する不正を調査したデータであることを予め断っておく）。最初に紹介したいのは、「不正継続期間と不正によって被った損害額」とに関するデータである。このデータは、不正によって企業が被る損失の中央値は、不正継続期間が長くなればなるほど高くなることを示す。すなわち、発見が早ければ早いほど、その不正によって被る損失を小さくできる。

続いて「不正発見につながった情報源」に関するデータも紹介したい。これによると、第一位が「内部通報」による不正発見で４３％、第二位が「内部監査」による不正発見で１５％、第三位が「マネジメントレビュー」による不正発見で１２％と続く。第一位の内部通報が、不正発見の情報源として圧倒的に多く全体の半数弱を占める。不正の発見、かつ不正の早期発見のためにも、「内部通報制度の整備」は極めて有効であると見てよい。加えて、基本的には企業が単独で実

---

[14] 日本公認不正検査士協会「職業上の不正と濫用に関する国民への報告書」（２０２０）
https://www.acfe.jp/wp-content/uploads/2021/01/RTTN2020_J_R2.pdf

施できる予防法務活動であり、中小企業においても、マンパワーやコストの面でも導入しやすいと取り組みであるといえる[15]。

ただしこの内部通報制度も、通報先を社内に設置した場合には、解決すべき課題が存在する。通報する側には、「自分が通報したことがバレてしまい、それにより不利益を被らないか」「他人のことを悪く言うのは気が引ける」などの躊躇の心理が働く。このため個人が特定されないように「匿名」での通報を受け入れたとしても、それでは十分な事実調査が困難になり、解決まで至らない、あるいは解決に時間がかかる、といったデメリットが生じる。

また通報される側においても「通報内容が愚痴に近い」「通報内容が重すぎて抱えられない」「秘密保持を徹底しなければならない」などの心理的なプレッシャーを感じることになる。こうした通報する側・通報される側の心理面によって、内部通報制度が有効に機能しない可能性がある。これを避けるためにも、社外に通報先を設置することも検討すべきである。この際、社内の事情に精通した顧問弁護士を通報先に設定することが理想的ではあるが、「内部通報サービス」をうたう弁護士事務所も多数存在する。こういうサービスの活用も、十分検討に値する。

２．メンタルヘルスケア対策

労働契約法において、「労働者の生命や身体等の安全、健康に配慮する義務（安全配慮義務）」が企業に課せられている。メンタルヘルス不調については、本人が申告しにくいことも配慮し、労働者からの申告がなくても、労働者の健康に関わる労働環境には注意を払う必要がある。業務に起因する精神障害などの労働災害認定件数は、平成２２年の３０８件に対し令和２年は６０８件と、１０年でほぼ倍増している[16]。

この傾向と歩調を合わせ、行政による労災補償とは別に、雇用者側企業に対して「安全配慮義務を怠った」とする民事訴訟も近年急増している。過労死や自死に至るケースなどでは、甚大な損害賠償を企業側に課する判決も出ており、その

---

[15] なお我が国においては、「内部通報制度の有効性」に鑑み、2022年6月に「改正公益通報者保護法」が施行された。今回の改正で、１）公益通報対応体制整備の義務化と公益通報対応従事者の指定の義務化、２）公益通報対応従事者への守秘義務の強化（罰則規定化）、３）公益通報者の拡大と保護の強化、などが新たに盛り込まれた。しかし、１）で挙げた公益通報対応体制の整備と公益通報対応従事者の指定については、従業員300人以下の中小企業では努力義務とされている。

[16] 厚生労働省「過労死等による労災保補状況」（２０２１）

https://www.mhlw.go.jp/stf/newpage_26394.html

場合のリーガルリスクは甚大である。こうした社会背景もあり、従業員に対するメンタルヘルスケア対策は予防法務活動の重要な一翼を担うべきだと考える。このメンタルヘルスケア対策は、自社単独で実施可能な活動の一つである。

一例として、大阪商工会議所が主催する「メンタルヘルス・マネジメント検定」という資格を紹介したい。これは職場内の役割に応じて、必要なメンタルヘルスケアの知識・対処方法を習得する資格である。職場内の役割に応じて、１）経営トップが会社の仕組み作りに活用する「マスターコース」、２）上司が組織・部署に対するケアに活用する「ラインケアコース」、３）従業員本人のセルフケアに活用する「セルフケアコース」とコースが三種類に分けられている。

近年、企業におけるメンタルヘルスケアの、重要性に対する意識の高まりを背景に、特にラインケアコースの受験者数が増加している。２０１１年度が１２，９４９人だったのに対し、２０１９年度には２３，４３１人を数え、約２倍近く増えている[17]（２０２０年度２１年度は新型コロナの影響を考慮し比較から外している）。多くの企業が、この検定試験の有効性を認識するようになった結果であると考えてよい。

この検定試験の学習を通じて具体的には、１）法令的な知見（安全配慮義務、コンプライアンス、法令遵守など）、２）医学的な知見（ストレス、メンタルヘルス不調など）、３）経営的な知見（社内体制づくり、職場環境改善、教育訓練など）、そして４）外部機関に関する知見（相談体制・専門家の種類など）を得ることができる。そして、こうした知見を体系的・網羅的に学ぶことで、社内におけるチェック機能やケア機能が有効になる。

なおこの資格検定は、社員のうち誰か１名が取得すれば良いというものではない、と言う点に留意が必要である。ラインケアコースを例に取ると、部下を持つすべての上司が可能な限り取得を目指すことが理想的である。一人でも多くの社員が取得することで、メンタルヘルスケアに関する様々なキーワードの共通言語化が可能となる。このことを通じて上で述べた社内におけるチェック機能やケア機能の一層の充実が図られるとともに、新たな対策の社内への導入もスムーズになる。

ここで紹介した「メンタルヘルス・マネジメント検定の有資格者を増やす」という取り組みは、受験料だけで実施できる。その意味で、中小企業において導入しやすく、外部資源に頼らず単独で実施可能な予防法務活動である。もちろん、実際に悩みを抱える従業員の相談先として、社内だけではなく外部のカウンセ

---

[17] 大阪商工会議所「メンタルヘルス・マネジメント検定『結果・受験者データ』」（２０２２）
https://www.mental-health.ne.jp/data/

ラーと契約しておくこともメンタルヘルスケア対策としては重要である、という点は補足しておきたい。外部カウンセラーの導入により、企業のメンタルヘルスケア対策をさらに充実させることができる。いずれにせよ、それぞれの企業における従業員のメンタルヘルスリスクが発生する頻度と発生した場合の程度に応じた「リスクアセスメント」に沿って、対策を検討することが望ましい。

３．コンプライアンス教育の拡充

法務リスクにおいては、その行為が意図的だったか意図的でなかったかにかかわらず、従業員がその違反行為の実施者となる事例が存在する。違反行為の実施に至るまでに、経営者がコンプライアンス遵守のメッセージを発し、会社側が何らかの防止策を講じていたとしても、それによって必ずしも防げるとは限らない。代表的なケースとして、１）長時間労働（未払い残業代や健康障害など）、２）ハラスメント（パワハラやセクハラなど）、３）不正会計（横領など）、４）情報漏洩（個人情報、顧客情報など）などを挙げられるができる。

従業員の意図的な不正行為に対しては、それを「思いとどまらせる」ために、そして意図せざる不正行為に対しては、その行為を抑止するためにも、企業内でのコンプライアンス教育は欠かせない[18]。すでに述べた「内部通報制度」や「メンタルヘルスケア対策」も、こうしたコンプライアンス教育によって、さらに強力な予防法務活動として強化される。

また、近年のコンプライアンス意識の高まりに呼応し、企業の教育サービスを実施する企業が充実してきた。企業に講師を派遣してもらう講師派遣型にせよ、従業員を選んで他社の社員と一緒に教室で受講する教室座学型にせよ、このコロナ禍においてリモートでの講義が一般的になってきた。交通費や宿泊費の負担を減らすことができる分、中小企業にとっても参加しやすい環境が整えられている。

---

[18] 脚注１２「不正のトライアングル」を参照いただきたい。

Ⅵ　中小企業における戦略法務マネジメントについて

一般的に戦略法務は「法務知識を経営戦略に活かすこと」と定義され、具体的には、「M＆A戦略」、「海外戦略」、「知的財産権戦略」、そして「新規事業・開発戦略」に適用される場合が多いことは既に述べた。これらの中でも、とりわけM＆A戦略が、中小企業においてその存在感を増している。M＆A専門誌であるマールの統計では、In-In（日本国内同士のM&A）件数は２０２１年では３３３７件を数え、２０１６年の１８１６件と比較しても５年間で約２倍に増えている[19]（M&AにおけるIn-Inマーケットは、中小企業を中心とした小規模のM&Aが多い）。また、行政や仲介業者の積極的なプロモーションの効果もあり、当事者の株式譲渡への嫌悪感も薄れ始めてきている。そこで本稿では、M＆Aに絞って、中小企業おける戦略法務について検討してみたい。

まずM＆Aにおける法務リスクについて述べる。M＆A仲介では業界最大手の某社の営業担当者にインタビューを行ってみた。彼には「（彼自信が）これまで経験してきた売手側の法務的課題を挙げてほしい」という質問をした。１）株周り関係が６０～７０％、２）労働関係（未払い残業代など）が５０％程度、そして３）環境関係（金銭譲渡された不動産の土壌汚染など）や許認可関係、チェンジオブコントロール条項[20]関係、そして（事後の）訴訟リスクがそれぞれ１０％程度、との答えが得られた。もちろんこの数字には客観性はないが、それでもある程度の実態は反映されていると見て良い。

以上の通り、M＆Aにおいては一般的に、法務リスクが存在する頻度は決して低いとはいえない。しかしながら、仲介業者は「仲介」を行うことで報酬を得る企業である。それゆえ、こうした予見されそうなリーガルリスクに対し、その類型化を試み、そして実際のトラブルシューティングを通じた経験値を累積させている。そうでなければ、顧客である売手と買手の双方に納得してもらえる株式譲渡契約は提案できないからだ。実際この担当者は、「先輩たちの苦労の積み重ねのおかげで、予見できなかったリーガルリスクが株式譲渡契約後に生じたこ

---

[19] マールオンライン「マーケット別M＆A件数の推移」
https://www.marr.jp/menu/ma_statistics/ma_graphdemiru/entry/35326

[20] チェンジオブコントロール（COC）条項があると、商取引において、会社の経営権が他者に移譲された際に、その取引先が何らかの不利益を被る、と判断した場合、対象企業との契約を解除することが可能になる。例えばライセンス契約などが締結されている場合、自社の技術がM＆Aによって流出することを防ぐ意味を持つ。また、売手側企業においても、敵対的買収を防ぐ意味を持つこともある。

とは、自分は経験したことがない」と締めくくった。

リーガルリテラシーの乏しい中小企業だからこそ、仲介業者がM＆Aにおけるリーガルリスクの軽減を図っており、またそうでなければ、M&AにおけるＩｎ-Ｉｎマーケットの拡大は難しいであろう。そうだからと言って、仲介業者の企業努力に「丸投げ」することは、経営者にとって決して好ましい態度とは言えない。仲介業者とともに、法律的課題の整理やケーススタディなどを通じたシミュレーションを事前に徹底的に行っておくべきである。またこのことを通じて、株式譲渡後の統合戦略のイメージトレーニングにも繋がる。

こうして見ると、M＆Aは「決断し判断するのは経営者であり、仲介業者がリーガルサポートを行う」という意味で、戦略法務の領域である。しかしながら、それらのリーガルリスクを回避する方策は、その大部分において予防法務的活動に含まれていると言える。これは「海外進出」においても同様である。海外進出の場合も、まずはその地域・業種に精通したコンサルタントを雇うことから始まる。この場合もコンサルタントとともに（場合によっては弁護士を交えながら）発生しうるリーガルリスクを整理と、ロールプレイによるシミュレーションは欠かせない。

もちろん、予見できないリーガルリスクまではゼロにはできない。顧問弁護士を雇っているのであれば、その顧問弁護士とも連携し、リーガルオピニオンを得ておくことも望ましい。仲介業者で予見できないリーガルリスクについては、弁護士の力を借りる必要があるからである。ただしM＆Aにせよ海外進出にせよ、これらは専門性が高く、自社の顧問弁護士がこれに精通しているとは限らないということは、留意しておくべきである。繰り返すが、「決断し判断するのは経営者」である。経営者は、仲介業者やコンサルタントそして弁護士と連携し、徹底的に準備や予習を行い、「失敗を失敗にさせない」気構えを持っておくべきだと考える。

あとがき ～ＭＢＡで企業法務を学ぶ～

わたしは、広島県内で中小企業を経営する社長という立場で、県立広島大学経営管理研究科ビジネス・リーダーシップ専攻（以下、ＨＢＭＳと略す）に入学した。この学びの場において、一年次の科目として「企業法務」「組織マネジメントとコンプライアンス」そして「戦略法務」の三つの法務科目を履修した。

これら全ての法務科目で、受講生各企業が抱える多様な法務的課題に対する個々の「ショートプレゼンとケーススタディ」に、講義時間の多くが割かれた。他社のさまざま事例を聞くことを通じて、それを自社に置き換えながら「自社の場合はこうだ」「自分だったらこう考え、こう行動する」などの考えが深められ、想像力が発揮される授業であった。

業種も立場も違う受講生である。それぞれが持つ法務課題も極めて多様である。とりわけステークホルダーに関しての多様性が体感できたことは、大変貴重な経験であった。わたしが日常業務で思いを巡らせたことの無いようなステークホルダー（例えば、「株主」や「地域住民」など）について、一緒に考える機会は、ＭＢＡでなければ得がたい体験であろう。こうしたさまざまな諸課題を、自身の思考の中でロールプレイングを実践しながら、結果的に危機管理能力も向上できたように思う。まさにビジネスの更なる展開に必要な「活きた」法務を学ぶ機会になった。

こうした学び方こそが、まさに「実践知」の獲得機会なのだと、履修が終了したいま、本稿を書きながら強く感じている。履修前には、これらが「法務科目」である以上、法律知識に関する逐条的・体系的な学びをイメージしていた。同様に学習スタイルについても、先生が黒板の前に立ち生徒が板書する、いわゆる「大学的」な形式を思い描いていた。しかし、こうした学習内容・学習スタイルは、弁護士や企業における法務部門を目指すような、法律の専門家の育成に適しているのであって、「実践的な法律知識」の獲得を目指すＭＢＡには必ずしも向いているとは限らない。このことも、ＭＢＡで法務を学ぶことで得られた、大きな気づきの一つである。

以上は「学習方法」における気づきについてであるが、「学習内容」に関しても少し触れておきたい。まずは、「企業法務」の初日に学んだ、「中小企業には法務部門がない場合が多い」ということと「企業法務は、１）臨床法務、２）予防法務、３）戦略法務に整理される」という点を挙げたい。そもそも、自社に「法務部門があるかないか？」など考えたこともなく、われわれのような中小企業に法務部門がないことは、何ら疑う余地のない自明のことだと認識していた。しかしながら、「企業法務」初日の学びを通じて、１）自社では臨床法務しかやっていない（しかも顧問弁護士に一任している)、２）法務部門がないからこそ「予防法務」が重要なのである、3）その「予防法務」に弁護士を活用していない（そもそも「予防法務」が重要だと認識していないし、「予防法務」に弁護士を活用できるとも考えていない)、などの気づきを得ることができた。

また、「戦略法務」の講義においては、「M＆A」は戦略法務の領域であることを学んだ。自社においても、レバレッジドグロースには限界を感じており、地域戦略やサプライチェーン戦略（垂直統合）の一環として、積極的にM＆A戦略を採用している。ただM＆Aにおける法務的課題について、これまで真剣に向き合ってきたか？と問われると、仲介業者に「丸投げ」してきたと回答せざるを得ない。とはいえ、M＆Aについては、知識も経験も仲介業者は豊富に持っており、今後の案件も仲介業者に「丸投げ」せざるを得ない。しかしながら、経営者として「決断や判断」の道筋は立てられるようになったかと思っている。

結びになるが、広島県内の中小企業経営者が、一人でも多くＭＢＡを通じて法務に関する知識を高めてもらいたいと感じている。「自社企業をいい会社にしたい」「自社企業で働いてくれる従業員を幸せにしたい」と願う経営者であればあるほど、実践的な法務知識が欠かせないと考えるからである。また併せて、中小企業経営者にコンサルタント的な関わりを有する士業の方々にも、受講を検討して頂きたい。士業としての立場から、ＭＢＡで得られた学びを活用し、広島県内中小企業経営者のコンプライアンス意識を下支えしてもらいたい。ＨＢＭＳでの法務関連講義での学びを通じて、「広島県こそ、中小企業のコンプライアンス意識がナンバーワンの都道府県である」と周囲から称され、そしてそのことを広島県の中小企業経営者が誇りに感じる、そういう未来を願っている。

第３部　ＭＢＡでの学び優位性と事業承継における課題解決の検討

ー創業家からの脱却を中心にー

はじめに

本部では事業承継期において後継者がMBAで学ぶことの重要性と2022年時点において生じている事業承継の問題点について整理していく。特に親族内承継、親族外承継を問わず経営者としてこれから事業を行うことを検討している読者の一助になれば幸いである。

Ⅰ　中小企業を取り巻く事業承継の現状

我が国の事業承継の現状から確認していきたい。

資料①は中小企業庁が発表している2022年版中小企業白書より、年代別に見た中小企業の経営者年齢の分布である。2000年に経営者年齢のピークが50～54歳であったのに対して、15年後の2015年にはそのまま15歳スライドして65～

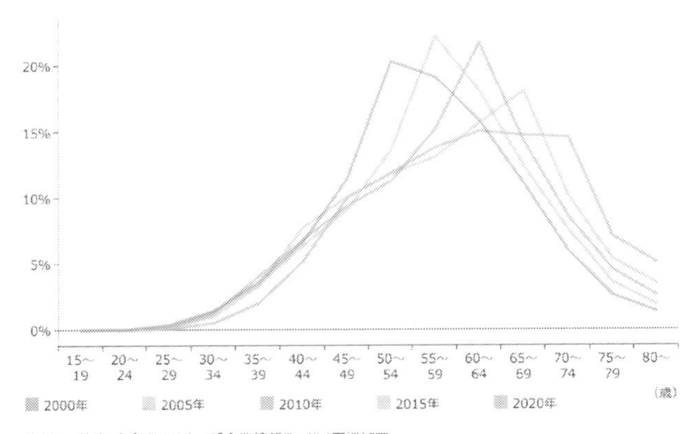

資料：（株）東京商工リサーチ「企業情報ファイル」再編加工
（注）「2020年」については、2020年９月時点のデータを集計している。

資料①（出所）中小企業庁編、2022年版中小企業白書小規模企業白書上、頁Ⅰ-92より抜粋

69 歳がピークとなり、2020 年にはピークが 60～64 歳、65～69 歳、70～74 歳と分散はしているもののほとんど事業承継が進んでいない現状が確認できる。特に中小企業においては、事業承継を実施した経営者と事業承継を実施していない、または、出来てない経営者に 2 極化していると言われている。

また、2021 年に行われた帝国データバンクの調査では、全国、全業種約 26 万 6000 社を対象に後継者動向についてアンケートを行ったところ、「いない」また「未定」とした企業が 16 万社に及んだとの結果もある。全国の後継者不在率は 61.5%となっており、単純にこのままの状態が進むと、10 年後には約 6 割の企業が消滅すると言われている。

このことは、わが国が優先的に解決すべき課題であり、政府の方針としても、中小企業庁を中心に事業承継に対する対策を行っている。

そのため、後継者としては今までにない、事業承継に対するサポートが整った状態となっている為、積極的な事業承継をすすめやすい外部環境が整った状態となっている。

本部では、事業承継の目的を「企業を存続・発展させるために、後継者に支配権と経営権を承継すること」と定義して考えていきたい。

財務サポート　「事業承継」

中小企業の円滑な事業承継を支援するための施策等についてご案内します。

◎税制 ◎会計 ◎中小会計要領 ◎会社法 ◎事業承継

（出所）中小企業庁 HP、財務サポート「事業承継」より抜粋

Ⅱ　中小企業における事業承継の検討手順

この章では事業承継を考える上での検討手順について整理しておきたい。

事業承継は、現経営側と後継者側、もしくは、資金を出資する投資家側で重要事項が異なる。現経営者にとっては、自分の引退後の生活設計や親族や社員に事業を継がせることが重要となり、後継者にとっては、事業承継後に社員の雇用を継続し、事業を発展させることが重要となり、資金を出資した投資家にとっては、投資に対してのリターンが重要となる。

円滑な事業承継のためには、入口は現経営者側の立場から検討が始まり、出口は後継者の立場で事業が継続される必要がある。事業承継を検討するにあたって、現経営者は、後継者の選定から育成、支配権・経営権の委譲、社内外の納得、資金的問題への対応など多面的な課題解決が必要となる。これらのタスクは現経営者が思うよりも時間がかかることが多い。そして、時間が経てば経つほど後継者は年齢を重ねてしまい、打てる手段の選択肢が少なくなってゆく。

事業承継は迅速に行う必要があるが、実施事項は百社百様となるため、明確な手順や類型を定めることは難しい。しかし、あえて主に検討する事項を羅列すると以下の項目となる。

①　事業承継の目的・目標
②　現社長のリタイアメント設計
③　事業承継手段の検討・決定
④　後継者候補の評価と指名
⑤　後継経営陣と組織図
⑥　後継者育成と経営実務委譲
⑦　取引先とのコミュニケーション
⑧　人脈承継
⑨　経営改善・経営計画の明確化
⑩　事業資金の確保
⑪　経営権の保全
⑫　相続対策・相続税対策・後継者個人の必要資金算定
⑬　事業承継計画とモニタリング

事業承継を考えるにあたり最も重要なのは経営的視点である。

税金や株式の買い取り資金は少ないに越したことはないが、そこで得をしても結果として経営がうまくいかない株主構成になる、社員対する納得感が損なわれ事業継続が危うくなるなどすると元も子もない。

事業の継続的発展を考えたとき、税金や株式の買い取りという面は損をしても後継者にしっかりと支配権を渡し、成長経営をすることにより回収するという経営目線が最も重要となる。

各項目を少し詳しく見てみよう。

(1) 事業承継の目的・目標

事業承継は会社の存続と発展という社会的使命を第一義に考えるべきである。一方、当然、創業家や後継者の安泰を併せ持って考え、最適解を目指さなければならない。

社会的使命を果たす目的と、現経営者個人の思いや後継者の思いと利益の双方を踏まえた事業承継の目的・目標をスタートにして頂きたい。

(2) 現社長のリタイアメント設計

社長個人のリタイア後の人生設計をラフに考えてもらうフェーズである。

リタイアメント迄の期間を意識し、その時の手元資産、その実現に向けた計画をイメージしていただく形で話を進めて頂きたい。

同時に、リタイアメント時の資産保有目標が実現できる経営の状態であるかを少し考えて頂きたい。

(3) 事業承継手段の検討・決定

事業承継の選択肢を検討するフェーズである。事業承継の手段としては、親族内承継、MBO (Management Buyout)、EBO (Employee Buyout) などの親族外承継、M&Aの3つが主なカテゴリーとなる。それぞれについて可能性や選択肢を考え、リスクを合わせて考えていく必要がある。

リスクとは例えば、「入社した長男が真剣に仕事をせずに甘えている。彼に会社を継がせたら社員が反発して辞めてしまう」「M&Aをしても社員の雇用が確保される保証はない」といったような事が想定される。

この段階では、事業承継の手段・方向性を明らかにしたいが、意思決定まで至らないケースも多い。

その場合は、選択肢をある程度絞り、継続的に検討することが必要となる。

(4) 後継者候補の評価と指名

ここでは、後継者に必要な能力を明らかにし、候補者を評価し、特定し、その能力向上課題を明らかにする事を目指す。

能力要素は社長と話し合って修正する方がその会社の後継者選びの視点が共有され社長の納得感が醸成されやすい。

ここでは、一般的に後継者は誰が適任かという視点が必要となる。

結論を言うと、長男・長女など親族が一番いい。

経営力や意識の高さという点からみると、今は経営者として向いていないように見えたとしても、立場が人を作ることがある。

社長に就任したら、寝食を惜しんで努力するという場合もある。

全ての能力は備わっていなくても、営業力がある、管理力があるなど、何か強みを生かして経営をしていける可能性もある。

金融機関の目線からみても親族が良い。融資を続けても社長の財産を相続するので安心しやすい。従業員だと資産状況に不安を感じ、融資が不利になる可能性が付きまとうこととなる。

(5)　後継経営陣と組織図

後継者を支える布陣を考えるフェーズである。

現在の幹部だけでなく、むしろ若手の幹部候補に目を向けて、それぞれの強みを生かした布陣を考えていくことになる。

同時に、それぞれの教育課題を明らかにし、人材育成に反映するようにする。

(6)　後継者育成と経営実務委譲

後継者育成のテーマは、「営業力強化」「リーダーシップ強化」「財務知識の習得」といった経営者としての知識見識や実力を身につけるテーマを考えてみる。

これも社長の感覚を重視したり、社長と後継者で話し合ってテーマを共有したりするとよい。

経営実務委譲のテーマは、「資金繰り」「融資交渉」「稟議決済」など、社長が日々行なっている業務をリストアップすることになる。

特に社長と後継者が一緒になってリストを作成する事で社長業のイメージが後継者にも湧いてくる。

経営実務委譲に際しては優先度を付け、消化不良にならないような配慮が必要である。

(7)　取引先とのコミュニケーション

事業承継と同時に取引先が離れていかないように、事前のコミュニケーションを図る必要がある。

顧客・仕入先・銀行など重要な関係先に対してどのような行動をとるかを想定しておく必要がある。

(8) 人脈承継

取引先以外にも社長が経営をする上で力を貸してくれる方がいるケースが多い。同業者や経営者仲間、専門家などのブレーンなど、今後も力を貸して欲しい人脈を棚卸して関係の継続をお願いする計画を立てておく。もちろん、人脈についても代替わりが行われていく事が予想されるため、代替わりが行われた人脈に関しては、優先的に後継者に人脈承継を行っていく事が望ましい。

(9) 財務改善

ここからは、経営が継続できる状態にあるか、打つべき対策はないかを考えるフェーズである。まず、財務について考え正しい現状認識をしてもらい、自社の資金繰りや運転資金について正しく認識してもらう必要がある。

(10) 環境分析

内部環境と外部環境を概観し、取り組むべき課題を考えるフェーズである。

ここの話し合いはラフでいいが時間を要すると思われる。

現経営者と後継者の認識のずれの確認も行えると良い。認識のずれは情報量のズレである場合が多く、そのズレを是正していく事は、問題意識を共有することとなり、後継者の見えていない視点を補うきっかけとなる。

(11) 経営計画

財務分析と環境分析を踏まえて、ラフな経営計画イメージを後継者を主体に作っていただき、その計画を現社長に後継者や幹部からぶつけてみて頂きたい。形にし、事業を整理することで今後のやるべきことのリストアップと事業承継のロードマップが出来上がっていく。

(12) 事業資金

ラフな経営計画から出てくる必要事業資金に加え、事業承継リスクによる必要事業資金を算出してみるフェーズである。

取引先や金融機関の反応を推定してリスクを算定してみる。

その上で、事業資金の確保に向けた対策を考える。

(13) 経営権の保全

重要な検討事項である経営権（支配権）の承継を検討するフェーズである。

株主構成を書き出しどのような対策を打ち、そのための資金をどうするかを考える。ここでは、会社法の知識や実務的な事例が必要となるため、外部の専門家と後継者をつないでおくことで後々経営を行う際にも力になる事が多い。

(14) 相続対策・相続税対策

事業承継は、事業の承継と財産の承継である。中小企業の株式は現金化することが困難であるが、相続税などが発生するため、企業の資金繰りと個人の資金繰りが必要となってくる。

(15) 事業承継計画とモニタリング

これまで検討した内容を行動計画に落とし込み、モニタリング会議の設計を行うフェーズである。

いつまでにどのような状態にしておくことが望ましいのか考えておく必要がある。会社の状態も株主の状態も変化する。事業承継は状況に応じた最適解を求め続け、計画的に行っていくことが重要である。

以上のように、検討していくわけだが、基本的にはまずは①親族内承継、②社内承継としてのMBO、EBO、③社外承継としてのM&Aの手順でどの方向性で事業承継を行っていくのか検討していく事になる。

また、特に事業承継にはじめて取り掛かる中小事業者に向けては、中小企業庁より「経営者のための事業承継マニュアル」も発行されている為、参考にご紹介させていただく。

（出所）中小企業庁 HP、事業承継マニュアルより抜粋

Ⅲ　中小企業と創業家の影響力の整理

事業承継において多くの中小企業の後継者の頭を悩ませているのが、承継後に事業をどう作っていくかと言う事と、創業家との関係をどうしていくかである。ここでは、創業家との関係を中心に検討していく。多くの経営者と後継者を悩ませている問題が、創業家と関わるうえでの法律的問題と心理的問題である。

大企業になると経営と所有の分離が進んでいる為、利益を出して株主に還元することを意識する必要はあるが、基本的には事業を安定させ、利益を出し続けることに注力すればよい。しかし、中小企業となると経営＝所有となっている場合が多く、株主が経営に関与してくることも多い。かつて、田んぼをわける「たわけもの」など言われていたが、事業承継においても、株式の分散は会社の方針をぐらつかせる多くのリスクをはらんでいる。

ここでは、株式の持ち株割合毎に株主の権利について整理し、特に問題となりやすい事項を確認しておきたい。

まず、持ち株割合が2/3以上の株主の場合であるが、定款変更、合併や解散など、特別決議（定款変更や取締役の解任、合併や解散などの重要な意思決定）と言われる企業経営上の重要な事柄を議決することが出来る。ここは、単独で所有する必要はなく、同じ意思決定を行うもので保有をしていれば可決が可能となる。つぎに、持ち株割合が1/2超（丁度1/2ではない点に注意が必要となる）の株主の場合であるが、株主総会は基本的に多数決での意思決定を行うこととなるので、過半数を保有していれば、ほとんどの意識決定が可能となる。つぎに、持ち株比率 1/3 以上の株主の場合であるが、特別決議の単独での阻止が可能となる。その為、1/3以上株式を保有している株主の意向を相当意識する必要があると言う事になる。つぎに、持ち株割合3%以上の株主の場合であるが、持ち株割合3%以上の株主は、株主総会の招集を要求したり、会社の帳簿の閲覧権を行使したりすることが可能であり、業務の執行の検査を行う検査役の選任を請求することが可能となる。つぎに、持ち株割合１％以上の株主の場合であるが、株主総会での議案提出権を有することとなる。最後に持ち株割合１％未満の場合であるが、株主代表訴訟を起こすことが可能となっている。この株主代表訴訟は、会社役員の意思決定や行動等により会社に対して損害を与えられた場合に、会社がその責任を追及しなかった場合、株主が所定の手続きを経た上で会社に代わってその会社役員の責任を追及する訴訟を提起できる制度となっている。

もう一つ、多くの中小企業の創業家の担っている役割が、金融機関に対する保証である。こちらに関しては、近年方針の変更が進んできている。もともと法人に対して行われる金融機関の融資に関しては、経営への規律付けや資金調達の円滑化に寄与するという目的で、人的保証として経営者を連帯保証人として契約を結んでいた。一方で経営者による思い切った事業展開や早期の事業再生、円滑な事業承継を妨げる要因になっているという指摘から、平成 26 年 2 月より適用開始された「経営者保証に関するガイドライン」が策定、運用開始された。また、令和元年 5 月より、事業承継時に経営者保証が後継者候補確保の障碍になっていることを踏まえ、金融機関と中小企業者の双方の取り組みを促すために、政府として「事業承継時の経営者保証解除に向けた総合的な対策」を実施している。経営者保証に関するガイドラインの適用に関しては、内部又は外部からのガバナンス強化により 3 つの要件を将来に亘って充足する体制が整備されている事が必要とされている。3 つの要件とは、①資産の所有やお金のやりとりに関して、法人と経営者が明確に区分・分離されていること、②財務基盤が強化されており、法人のみの資産や収益力で返済が可能であること、③金融機関に対して、適時適切に財務情報が開示されていること、が要件となっている。3 つの要件を全てまたは一部満たせば、事業者は経営者保証なしで融資を受けられる可能性がある。または、すでに提供している経営者保証を見直すことが出来る可能性がある。もちろん、最終的な判断は、金融機関にゆだねられることとなっているが、事業承継時に創業家にいつまでも連帯保証をお願いしなければならなかったという状況は変わりつつある。余談ではあるが、令和 3 年 5 月に成立し、同年 11 月に施行された「新型コロナウイルス感染症等の影響による社会経済情勢の変化に対応して金融の機能の強化及び安定の確保を図るための銀行法等の一部を改正する法律」（以下、銀行法等の改正）においては、金融機関の業務範囲の拡充がなされ、金融機関の脱・銀行へと向けた取り組みが行われている。

次に、中小企業の株式保有に関しては、株の買い取り資金、または、納税資金も問題となりやすい。中小企業の株式は相続財産としては、価値のあるものとして課税の対象となるが、実際に売却をおこなう事が出来ない、現金化できない資産となる場合が多い。その為、事業承継において、後継者本人の個人資産で納税を行わなければならいため、個人の資金が必要なってしまう。

これに対しては「中小企業における経営の承継の円滑化に関する法律」（以下、経営承継円滑化法）が平成 20 年 5 月に成立している。経営承継円滑化法は中小企業の事業承継を総合的に支援することを目的としており、遺留分に関する民法の特例、事業承継資金等を確保するための金融支援や事業承継に伴う税負担の軽減（事業承継税制）の前提となる認定が盛り込まれおり、加えて、令和 3 年 8 月 2 日施行の「産業競争力強化法等の一部を改正する等の法律」に伴う経営承継円滑化法の改正により、所在不明株主に関する会社法の特例の前提となる認定が新設されるなど、事業承継を行いやすい環境は整えられつつある。

次に、融資においては、「事業承継における融資・保証制度」も設けられており、日本政策金融公庫などの融資制度を利用することが出来る。ここで問題となるのが、これらの返済原資や支払原資は、あくまでも個人資産からの支払いである点である。後継者は、自身の所得から買い取り資金、または、返済資金をまかなう必要があり、買い取り、または、返済が完了するまではある程度高額の役員報酬などを設定しなければ、資金を貯める事が出来ないなどの問題が発生する。役員報酬を数百万円に設定していても、株の買い取りや事業承継の株の買い取り資金の返済を行わなければならない為、個人のキャッシュフローで苦労する後継者は多い。

また、もう一つ課題となるのが、いつも計画通り進むわけではない点である。ある経営者の事業承継において、株の移転がほぼ済んだのちに、後継者が急逝し、後継者の配偶者に株が移転してしまったケースもある。

中小企業の場合、親族間での意思疎通と、株主としての教育を怠っていたがために、事業に対しする影響が非常に大きくなってしまったという事例も少なく

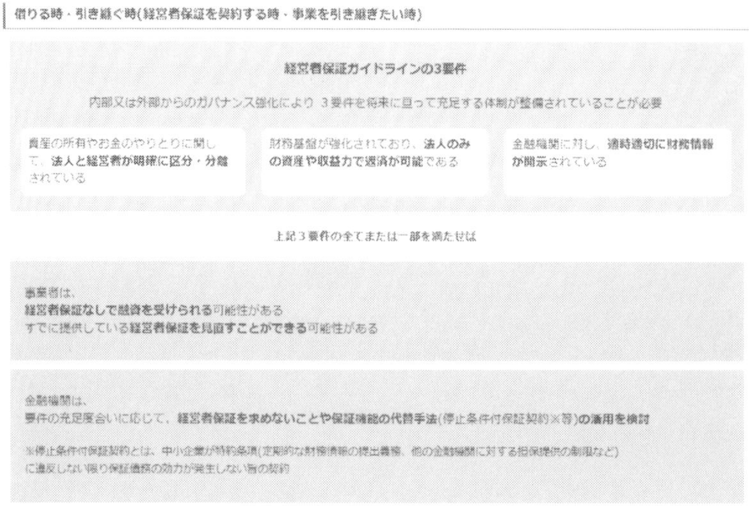

借りる時・引き継ぐ時(経営者保証を契約する時・事業を引き継ぎたい時)

経営者保証ガイドラインの3要件

内部又は外部からのガバナンス強化により 3要件を将来に亘って充足する体制が整備されていることが必要

資産の所有やお金のやりとりに関して、**法人と経営者が明確に区分・分離**されている	財務基盤が強化されており、**法人のみの資産や収益力で返済が可能**である	金融機関に対し、**適時適切に財務情報が開示**されている

上記3要件の全てまたは一部を満たせば

事業者は、
経営者保証なしで融資を受けられる可能性がある
すでに提供している**経営者保証を見直すことができる**可能性がある

金融機関は、
要件の充足度合いに応じて、**経営者保証を求めないことや保証機能の代替手法**(停止条件付保証契約※等)**の適用を検討**

※停止条件付保証契約とは、中小企業が特約条項(定期的な財務情報の提出義務、他の金融機関に対する担保提供の制限など)に違反しない限り保証債務の効力が発生しない旨の契約

（出所）中小企業庁 HP、経営者保証に関するガイドライン、2022 年

ない。これらの問題を事前に防ぐためには、従前からの事業に関与しない親族を含めた関係者に対する教育が非常に重要となる。事業承継をかつて行ってきた経営者で、事業を継いだ子と事業を継がなかった子で相続時に事業を継いだ子は多くの資産を相続したのに、事業を継がなかった子はほとんど相続財産を受け取っていないと争いになるケースもある。

もう一つが、創業家に対する心理的問題である。こちらは、現経営者一族から脱却する際に大きく表れる事が多い。特に、創業家の経営に関与してこなかった親族から提起される感情的問題、現に働いている社員と経営幹部から提起される今まで積もってきた不満に起因する問題は、先に述べた法的問題よりも、感情的問題の方が先行する傾向にある。事業承継の順番として、親族内承継から検討する理由は、親族にしろ、社員にしろ、創業家出身の後継者であれば、無条件に納得感が得られやすいため事業承継がスムーズに行われやすいからである。一方、MBO、EBO などの社内で行う事業承継の場合、少数株主からの納得感、現社員からの納得感を得るために時間がかかる場合が多い。

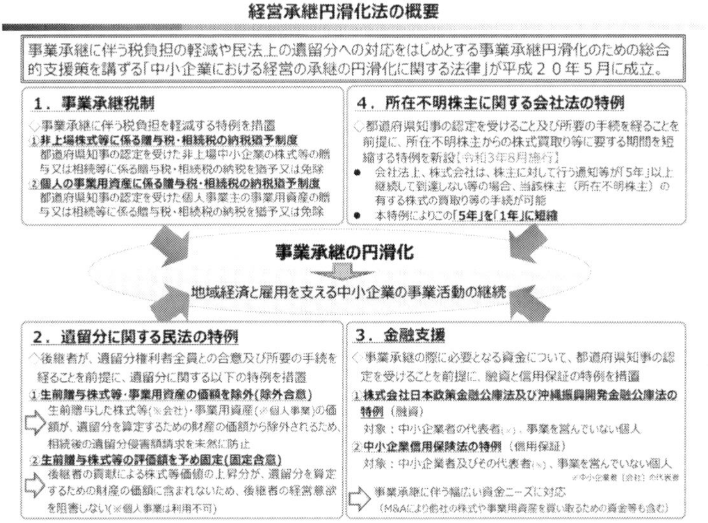

経営承継円滑化法の概要

事業承継に伴う税負担の軽減や民法上の遺留分への対応をはじめとする事業承継円滑化のための総合的支援策を講ずる「中小企業における経営の承継の円滑化に関する法律」が平成２０年５月に成立。

１．事業承継税制

◇事業承継に伴う税負担を軽減する特例を措置

①非上場株式等に係る贈与税・相続税の納税猶予制度

都道府県知事の認定を受けた非上場中小企業の株式等の贈与又は相続等に係る贈与税・相続税の納税を猶予又は免除

②個人の事業用資産に係る贈与税・相続税の納税猶予制度

都道府県知事の認定を受けた個人事業主の事業用資産の贈与又は相続等に係る贈与税・相続税の納税を猶予又は免除

４．所在不明株主に関する会社法の特例

◇都道府県知事の認定を受けること及び所要の手続を経ることを前提に、所在不明株主からの株式買取り等に要する期間を短縮する特例を新設【令和３年８月施行】

- 会社法上、株式会社は、株主に対して行う通知等が「5年」以上継続して到達しない等の場合、当該株主（所在不明株主）の有する株式の買取り等の手続が可能
- 本特例によりこの**「5年」を「1年」に短縮**

事業承継の円滑化

地域経済と雇用を支える中小企業の事業活動の継続

２．遺留分に関する民法の特例

◇後継者が、遺留分権利者全員との合意及び所要の手続を経ることを前提に、遺留分に関する以下の特例を措置

①生前贈与株式等・事業用資産の価額を除外（除外合意）

⇨生前贈与した株式等（※会社）・事業用資産（※個人事業）の価額が、遺留分を算定するための財産の価額から除外されるため、相続後の遺留分侵害額請求を未然に防止

②生前贈与株式等の評価額を予め固定（固定合意）

⇨後継者の貢献による株式等価値の上昇分が、遺留分を算定するための財産の価額に含まれないため、後継者の経営意欲を阻害しない（※個人事業は利用不可）

３．金融支援

◇事業承継の際に必要となる資金について、都道府県知事の認定を受けることを前提に、融資と信用保証の特例を措置

①株式会社日本政策金融公庫法及び沖縄振興開発金融公庫法の特例（融資）

対象：中小企業者の代表者（※）、事業を営んでいない個人

②中小企業信用保険法の特例（信用保証）

対象：中小企業者及びその代表者（※）、事業を営んでいない個人

※中小企業者（会社）の代表者

⇨事業承継に伴う幅広い資金ニーズに対応（M&Aにより他社の株式や事業用資産を買い取るための資金等も含む）

（出所）中小企業庁 HP、経営承継円滑化法の概要

Ⅳ　中小企業におけるＭＢＯ、ＥＢＯにみる第３者への事業承継の問題点について

親族内承継が難しい場合は、MBO、EBOでの事業承継の検討へと移行する。MBOとは、Management Buyoutの略で、役員等の経営陣が、事業の継続を前提に自社株を購入し、オーナー経営者として独立することをいう。似たようなケースで、従業員が自社株を買い取る場合にはEBO（Employee Buyout）と言う。これらの方法を検討する際にまず障害となるのが、株式の買い取り資金の工面である。経営者によっては、お金はいらないので承継を進めたいとの意向を示す場合もあるが、経営者自身の方針が変更される、事業承継後も前経営者の意向が強く反映される、経営者親族から後々問題視される、など問題となる場合が多々ある。その為、基本的には適正価格での買い取りを推奨させていただく。資金調達方法としては、Ⅲで述べたように融資制度を利用して資金調達を行う場合や、調達資金が多額になる場合などは、ファンドからの出資を募る場合などがある。また、資金調達のための主体としては、後継者個人が行う方法や、後継者が持ち株会社として新会社を設立し、新会社が金融機関などから株式購入資金を調達し、現経営者から株式を取得した後、返済は本体会社からの配当を原資として、返済を行っていき、一定期間後に新会社と本体会社が合併する方法などがある。

持ち株会社方式を用いる場合のメリットとしては、法人を利用するため個人と法人の分離が容易であること、事象承継資金の調達についても、法人の借入に対する経営者保証を行うかどうかをワンクッションはさむことが可能となるため、直接個人の借入として資金調達を行う場合と比べて後継者自身のリスクを軽くできる可能性がある。一方デメリットとしては、法人設立や承継企業から持ち株会社への配当という処理を挟まなければならないため、手順が煩雑になることや、承継企業での利益に対して、法人税が課税されたのちに、配当という形で持ち株会社の収入が計上されそこでも課税が発生してしまう可能性があるなどのデメリットも考えられる。

これらのうち、どの方法が良いかの検討については、承継しようとしている事業がどの程度の事業性を生み出すことが出来るのかによって異なってくることとなる。また、事業で生み出した利益を最終的に事業に再投資したいのか、それとも自らの生活を豊かにするために役員報酬などとして取得したいのかといった、後継者自身の事業に対する考え方によっても最適解が異なってくることとなる。

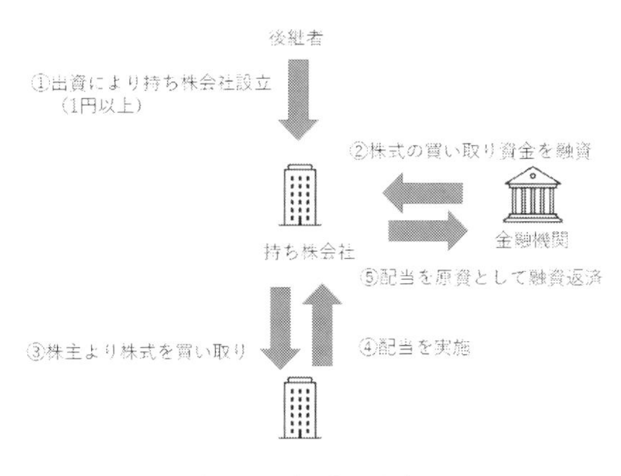

筆者作成：事業承継におけるスキーム例

次に別の方向性として、Ⅱで意思決定をスムーズに行う為にも株式の分散を防ぐべきだと述べさせて頂いたが、買取が難しく事業の成長性が高い場合には、1 人当たりの株主の影響力を小さくするために上場などにより株主を増やしてしまう方法を取る場合や、特定の業界に対する影響が大きい場合などは、組合などから出資を募り意思決定機関自体を大規模にすることで、創業家の影響を弱める場合などもある。特に上場に関しては、2022 年 4 月に行われた東京証券取引所の再編や 2009 年に創設された TOKYO PRO Market などにより、上場のハードル自体は下げられてきている。特に TOKYO PRO Market は特定取引所金融商品市場（いわゆるプロ投資家市場）であるため、特定投資家に限定された市場となっており、売上高や利益、時価総額などの形式基準がなく、売上高 1 億円未満での上場や、時価総額 1 億円未満での上場も行われている。これらの上場はオーナーシップを持ったまま上場が可能となっているため、中小企業の株主にとって一番の頭を抱えるポイントであった、価値はあれども現金化出来ない株式の現金化も可能となっている。

上場適格性要件

上場適格性要件	J-Adviser による調査・確認の主なポイント
1、新規上場申請者が、東京証券取引所(以下「東証」という)の**市場の評価を害さず**、当取引所に相応しい会社であること	・法律体系・会計体系・税制等を理解しているか ・予算統制（年次/半期/月次等）が整備されているか ・上場予定日から 12 ヶ月間の運転資金が十分であるか
2、新規上場申請者が、**事業を公正かつ忠実に遂行**していること	・関連当事者取引や経営者が主体的に関与する取引の状況を把握し、牽制する仕組みを有しているか ・代表取締役社長及び役員の資質面に問題が無いか
3、新規上場申請者の**コーポレート・ガバナンス及び内部管理体制**が、企業の規模や成熟度等に応じて整備され、適切に機能していること	・社内規程が整備され、適切に運用されているか ・事業運営及び内部管理に必要な人員が確保されているか ・法令順守のための社内体制が整備され、適切に運用されているか
4、新規上場申請者が、**企業内容、リスク情報等の開示**を適切に行い、この特例に基づく開示義務を履行できる態勢を整備していること	・上場後の開示体制が整備され、開示規則・開示義務に対して十分な理解があるか ・内部者取引及び情報伝達・取引推奨行為防止のための体制が整備されているか
5、**反社会的勢力との関係を有しないこと**その他公益又は投資者保護の観点から当取引所が必要と認める事項	・反社会的勢力との関係を有していないか ・反社会的勢力排除のための社内体制が整備されているか ・設立以降からの株主の異動状況を把握しているか

（特定上場有価証券に関する有価証券上場規程の特例 第 113 条）

（出所）東京プロマーケットＨＰ、上場適格性要件より一部抜粋

また、種類株式等の活用も検討される。

種類株式とは、各株式の権利が同一である普通株式とは異なり、配当や残余財産の分配、議決権、譲渡などに関する事項について、特定の制限がある株式である。

主には、(1)議決権制限株式（配当優先無議決権株式）、(2)取得条項付株式、(3)拒否権付株式（黄金株）、(4)属人的株式などがあり、事業承継の施策を検討する上でも重要な事項となっている。

少し説明させていただく。

(1)　議決権制限株式

後継者以外の相続人に対する公平性を実現したいときに活用できる種類株式となる。議決権を制限する代わりに、優先して配当が支払われるように設定するもので、自社株の一部を配当優先無議決権株式に転換した上で、議決権のある普通株式については後継者が取得し、配当優先無議決権株式については後継者以外に相続させるなどをすることにより、後継者の意思決定が行いやすい環境を整備することが可能となる。

(2)　取得条項付株式

一定の事由が生じた際に、株主の同意を得ることなく、会社が強制的にその株主から株式を買い取ることが出来る株式である。ただし、剰余金の配当可能額がない場合には会社が株式を買い取ることが出来ず、注意が必要となってくる。一定の事由は事前に定款で定めておく必要があるが、後継者に自社株を承継した後に経営者としてふさわしくないことが判明した場合などに会社が設定した金額で強制的に買い取ることが可能など後継者の見極めが難しい場合などに利用される。

(3)　拒否権付株式

いわゆる黄金株と呼ばれるもので、取締役会決議事項や株主総会決議事項などの会社の意識決定に関して、後継者や取締役会等が万一誤った方向に進みそうになった際に、この株式を所有している株主の承認を得てはじめて可決されることとなる株式であり、ＮＯということが出来る権利となっている。

(4)　属人的株式

こちらは、種類株式とは異なり、株式にではなく人に応じて所有する株式について権利が付与されるため、株式数に関わらず議決権を設定できるため、柔軟な資本政策が可能となる。経営者の急逝などにより相続が発生し、経営について関与していない親族などに株式が移転してしまったとしても、議決権を相続させたくない場合などに活用されることが多い。

また、多くの中小企業では、定款により株式の譲渡制限の規定が設けられていることが多いため、株式の譲渡に関しては、株主総会の決議を経てでなければ株主といえども自由に株式の譲渡が行えないようになっている場合が多い。この点も後継者として押さえておいていただければ幸いである。

V　中小企業におけるM＆Aについて

事業承継の一つの選択肢である M&A について確認しておく。

社内での事業承継が難しい場合、M&A が選択肢と選ばれることが多くなった。近年では、以前のような大型の M&A ではなく事業承継を目的とした M&A も急増している。特に「バトンズ」や「トランビ」といったネット上に企業を登録し事業承継の相手を探すサービスが出来るなど事業承継が必要な企業数が増えるにしたがって、市場も拡大してきている。これらのサービス企業の目指すところは、メルカリのように気軽に事業を売却、購入できる世の中である。問題は、同時に M&A 詐欺トラブル、依頼企業間でのトラブルの発生も増加してきてしまった。そこで、中小企業庁では、トラブルを未然に防ぐために、2021 年８月より M&A 支援機関登録制度を創設した。中小 M&A ガイドラインを策定し、中小企業の M&A 支援業務を行う機関に対して、一定の透明性や公正性を確保するための具体的行動指針を示したものとなっている。

M&A の基本的な流れであるが、(1)事業もしくは会社の譲渡・売却の検討、(2)M&A アドバイザーの選定、(3)ターゲット候補先の選定、(4)相手との交渉、仮決定、(5)基本合意書の締結、(6)買収監査（デューデリジェンス）、(7)売却価格の交渉、最終決定、(8)株式譲渡契約書等の締結、(9)アフターM&A のステップである。

M&A はお見合いに例えられることも多く、最終的には良いご縁があるかどうかにかかってくる。

「中小M＆Aガイドライン」では、中小企業がM＆Aを躊躇する主な3つの要因を踏まえ、①M＆Aの基本的な事項や手数料の目安を示すとともに、②M＆A業者等に対して、適切なM＆Aのための行動指針を提示します。

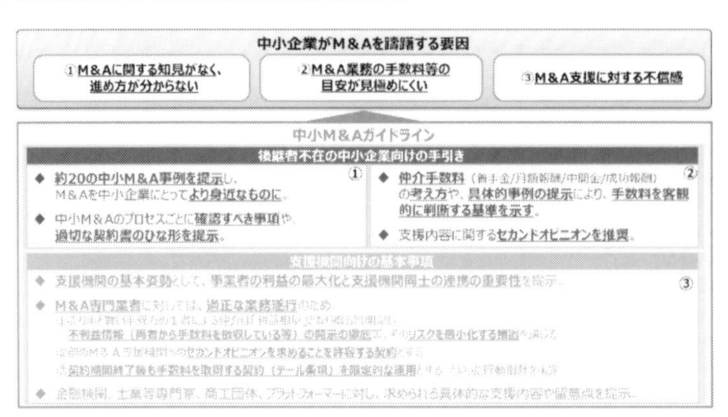

参考：経済産業省、「中小 M&A ガイドライン」より一部抜粋

各ステップを簡単に見ていくと

(1)　事業もしくは会社の譲渡・売却の検討

お見合いもそうであるが、まずは結婚したいかどうかを明確にしなければならない。M&A も同じで、M&A を選択肢に入れると言う事を決めなければならない。注意しなければならないのが、社員は経営者が M&A を選択しに入れたと言う事に動揺する場合も多く、検討段階では経営者と経営者に近しいもののみで検討を行うべきところである。また、時間的余裕があるのかないのかでその後の交渉や良い相手と巡り合う確率も大きく変わってしまう。可能であれば、無理に売却しなくとも良いといった状況のうちに、検討を進めておくと精神的にかなり有利に交渉を進める事が可能となる。

(2)　M&A アドバイザーの選定

お見合いの紹介所選び、お見合いアドバイザー選びとなる。M&A を決断した場合、次は M&A アドバイザーの選定を行うこととなる。M&A アドバイザーとは顧客にとって有利な交渉を進めるためのアドバイスを行う専門家のことで、M&A アドバイザーによってターゲット候補先の選定の幅が大きく変わってきてしまう。M&A アドバイザーと機密保持契約を結んだ上で、案件化に欠かせないノンネームシートや企業概要書など、お見合い写真やプロフィールのようなものを作成していく。M&A アドバイザーによって、買い手企業が必要としている事項がきちんと記載されているかなど出会いたいと思う相手が見つけやすい見え方にしてくれているかどうかで、相手企業と出会える確率が大きく変わってしまう為、重要な要因となる。

(3)　ターゲット候補先の選定

ノンネームシートなどをもとに、いくつかの候補先を選定する。候補先に積極的に勧誘をかける事もあれば、ネットなどに掲示し、手を上げてくれるのを待つ場合もある。選定後、機密保持契約を結びながら、相手企業の概要を確認、売り手企業の情報を開示しながら、希望に沿った相手となる可能性があるのかを検討していく。

(4)　相手との交渉、仮決定

企業概要書などを開示しながら、条件面を整えていく。

(5)　基本合意書の締結

一定の合意が得られた段階で、取引の対象範囲、暫定取引金額、譲渡希望日、買収監査の実施、独占交渉期間、機密保持等を定めた基本合意書を締結する。

(6) 買収監査（デューデリジェンス）

お見合いで言うと身元確認のようなものとなる。基本的に買い手側が売り手側からの情報開示を受けて、第３者に依頼して行う。内在する具体的な課題・問題点を出来る限り網羅的に洗い出し、把握する。一般的には、財務、ビジネス、法務、人事の４つの領域において検討を行う。

(7) 売却価格の交渉、最終決定

買収監査では把握できなかった事項も踏まえて、表面保証内容、最終的な売却価格や売却条件などについてすり合わせを行っていく。

(8) 株式譲渡契約書等の締結

株式譲渡契約書などを締結し、株式の譲渡を完了する。

(9) アフターM&A

売主にとっては、肩の荷が下り、買主にとっては、新しいスタートを切ることになる、全く逆の心理状態となる。また、条件によっては前経営者が役員として数年残る場合もあり、交渉を行ってきた事項以外の瑕疵が発見されないかなど、アフターM&A が非常に重要となる。

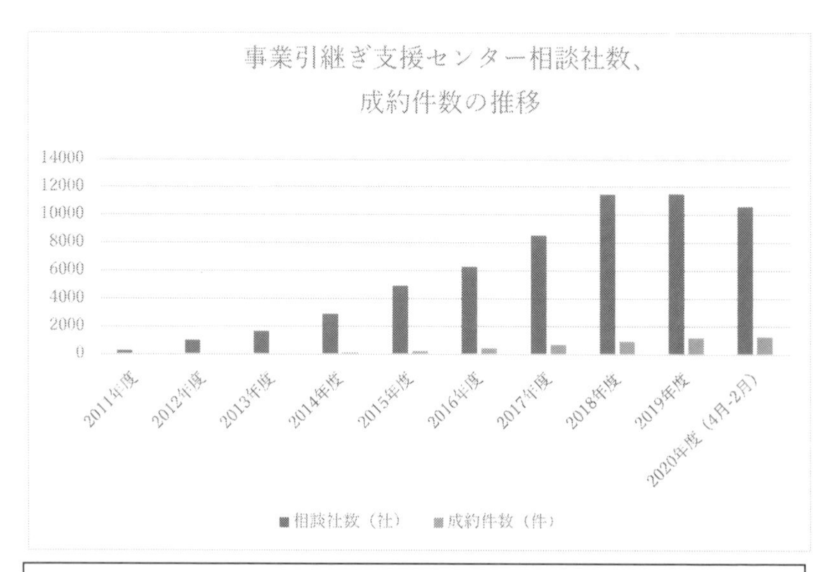

資料：(独) 中小企業基盤整備機構調べ、相談件数を筆者がグラフ加工したもの

このようにして、M&Aを進めて行くのが一般的であるが、ここで一つ知っておいていただきたいのが、M&Aの成約率についてである。独立行政法人中小企業基盤整備機構が運営する事業引継ぎ支援センターの相談社数と成約件数を図でも示したように、相談件数と成約件数を比較すると1割～2割程度の成約率であるということである。ある程度狭き門であることは、事前に確認しておいていただきたい。

Ⅵ　中小企業における後継者とＭＢＡで学ぶ意義について

中小企業において、事業承継を行う場合には、後継者自身の学びももちろんのこと、後継者を支える経営幹部層における学びが非常に重要となってくる。そういった学びの場として、MBAというのは、体系的に経営全般を学ぶことが出来るため、非常に効果的である。

特に、経営者や後継者は孤独になることが多い。ある時など、経営者が不渡り手形を出さない為に、資金繰りに奔走しているときに、経営幹部が一服しながら「社長はなにをそんなに忙しそうにしているのか」と聞いてきたことがあるほどだ。これは、ひとえに中小企業の場合は経営幹部の中でさえ、情報格差と価値観の差から言語に関して差異が生じてしまい、話がかみ合わないためである。

価値観の差で言えば、例えば、社員数100人の企業において、1億円の利益が出たとしよう。社員の延長線上で経営を判断すると、家計の延長線上で1億円「も」利益が出たと考えてしまう。しかし、経営視点で見ると、1億円「しか」利益が出ていないと感じてしまう。利益の捉え方が異なってくる。1億円の利益と言う事は、一人当たり年間100万円の利益であり、月当たり8万円程度の利益となり、一日当たり、4,000円程度の利益となる。少し為替が円安に傾き、原材料費が増え、最低賃金が上がり、残業が増え、福利厚生を充実させただけで吹き飛んでしまう。

まじめな中小企業の後継者は、それだけで怖くなってしまう。

また、ある経営者の話では、経営者になって唯一良かった点が、昨今の労働規制の影響などを受けず、働きたい放題になったことだと言っていた。この言葉を聞いて、本当に良かったと思う価値観を持っているか、そうはなりたくないと思ってしまうかは、中小企業の経営者の価値観を持っているかどうかで感じ方が違ってしまう。

経営者層の価値観の違いについては、特に経営者の精神的な支えとなるか、ならないかでは大きい。後継者が同じ世代の経営幹部と出会え、同じような価値観を持てていれば幸いである。時代には、時代の価値観がある。現経営者幹部は現経営者と同じ時代背景と同じ時代の価値観を持っている。良い時は価値観の違いが多様性を生み、新しいサービスを生む原動力となる為、プラスに働くが、業績下降時においては、最後の所で世代の違いが致命的な価値観の違いとして現れる場合がある。

後継者が自分自身と自身の経営というものに対する確信を持つためにも MBA という場は、経営について確かに学んだという証の一つとなる。また、同じ時代に同じ価値観を学んだ経営者層と出会える場があると言う事は、非常に価値のあることである。他ならぬ筆者自身がとても感謝しているところである。

MBA で学ぶことは知識ばかりで経営の現場に役に立たないとの意見は、色々なところで聞くが、現場を知ってそれを知識になぞらえると経営の現場で起こっている事の整理が驚くほど早くなるのも事実である。

MBA で学ぶことで、後継者が多面的に経営を整理、改善し、新しい事業を作り出し、法律的なリスクも、財務的なリスクも、人的なリスクも、組織的なリスクも事前に把握することが出来れば、専門家を利用しながら問題の解決に取り組む力を付けることが可能になる。

IoT や DX などを筆頭に技術革新のスピードが早くなっている。また、サスティナブルという価値観や SDGs といった新しい価値観の軸も市場に浸透しつつある中だからこそ、MBA での学びを通じて、後継者が自社の事業について検討を行っていくことの重要性とこれからの経営者幹部となる人材が事業に対して同じ価値観で議論を深めていく事は、大変価値を感じているところである。
本書が手にした方の事業発展と学びのきっかけになれば幸いである。

〔参考文献〕

株式会社青山財産ネットワークス編（2021）『後継者不在、M&A もうまくいかないときに』日刊工業新聞社。
上林憲雄（2021）『人的資源管理』中央経済社。
久禮義継（2019）『スモール M&A の教科書』中央経済社。
経済産業省『中小 M&A ガイドライン』2020-3-31
https://www.meti.go.jp/press/2019/03/20200331001/20200331001.html
（参照 2022-8-25）
塩野誠/宮下和昌（2021）『事業担当者のための逆引きビジネス法務ハンドブック第２版』東洋経済新報社。
税理士法人アイユーコンサルティング（2021）『事業承継を乗り切るための組織再編・ホールディングス活用術』税務経理協会。
中小企業庁『財務サポート「事業承継」』
https://www.chusho.meti.go.jp/zaimu/shoukei/know_business_succession.html（参照 2022-8-25）
中小企業庁編『2021 年版中小企業白書』2021-7-6
https://www.chusho.meti.go.jp/pamflet/hakusyo/2021/PDF/chusho.html
（参照 2022-8-25）
中小企業庁『経営者保証に関するガイドライン』2021-7-19
https://www.chusho.meti.go.jp/kinyu/keieihosyou/#guideline
（参照 2022-8-25）
中小企業庁『経営承継円滑化法による支援』2022-6-13
https://www.chusho.meti.go.jp/zaimu/shoukei/shoukei_enkatsu.htm
（参照 2022-8-25）
中小企業庁編『2022 年版「中小企業白書」全文』2022-7-25
https://www.chusho.meti.go.jp/pamflet/hakusyo/2022/PDF/chusho.html
（参照 2022-8-25）
日本取引所グループ東京証券取引所『上場制度』2022-4-3
https://www.jpx.co.jp/equities/products/tpm/listing/index.html
（参照 2022-8-25）
松浦真義（2019）『年事例でわかる事業承継に強い税理士になるための教科書』税務経理協会。

第４部　対話で学ぶ契約書審査の実践

－あなたが契約書を読むことになったら－

Ⅰ　プロローグ

２０２２年夏、家電製品用部品を製造している中堅メーカー広翠電機株式会社の法務課[1]は、社内で発生している法律問題についての相談対応に日々追われていた。

一昨年からのコロナ禍を機に、事業環境がこれまで以上に目まぐるしく変化をしており、法律問題もさらに複雑になっていると法務課のメンバー各自が感じていた。

コロナ禍が終息するのはいつになることか…。

１．グループ会社社長からの１本の電話

「浅野さん、商事の毛利さんからお電話ですが。」

内線を取った法務課の木村さんが課長の浅野へ呼び掛けた。

「毛利さん？社長？何ごと？」

毛利さんは、広翠電機の子会社である広翠商事株式会社の社長だ。
同社は、広翠電機の製品を大手電機メーカーへ売り込んでいく広翠電機グループにおける営業部隊の一翼を担っており、また最近では広翠電機の製品の一部を外部の会社へ委託製造させるため、間に入って、スムーズな取引を実現してもらっている。

---

[1] 本書で登場する会社名及び登場人物は、フィクションであり、実在する団体や個人とは一切関係はない。また本書の内容は筆者個人の見解に基づくものであり、筆者が所属する組織の公式見解ではない。

浅野は、毛利社長から以前より広翠商事の法務関係の相談[2]を度々受けているが、比較的短納期での相談が多く、結構手を焼く案件が多かったものの、法務関係は任せる、と日ごろから信頼を寄せてくれていることを嬉しく思っていた。今回も期待に応えねばと思いつつ、とりあえず、受話器をとった。

「お疲れ様。浅野さんさ〜、うちの若手に契約書の読み方を教えられないかな？」

いきなり毛利社長は切り出した。

「契約書の読み方ですか？どうされたんです？」

いきなりで驚いたが、もう少し意図を聞いてみようと思った。できないことはないが、何かあったのだろうか。

「そちらに契約書の内容の相談をすることがあるけどさ、なかなか、うちの場合、自分で契約書を読むのを難しく思っている社員やこの前中途で入ってきた社員[3]もいるんだよね。あと、社外とのミーティングもリモートが増えたから、その空いた時間を使って、スキルアップを図ろうと思っているわけ。うちは、そちらと比べて社員の数も限られているし、法務がないじゃん？うちの若手が自立するためにも、まずは、スキルを持っている人から基本的なことを教えてほしいな、と。どうだろ？」

トラブル案件ではないことに、安心しつつ、
「ありがとうございます。日ごろ契約書のことでご相談を受けましてもお答えできることは限られていますし[4]、おっしゃっていたスキルアップは絶対重要

---

[2] 本書における広翠電機と広翠商事は、親子会社の関係にあることを前提として記述しているが、親子会社間とはいえ、子会社（ここでは広翠商事）の法律事務について、親会社（ここでは広翠電機）が一般的な法的意見を超えて、意見、指示をすることは弁護士法第 72 条に抵触するおそれがあるとされているため、実際に、親会社が子会社の法務相談を受け付ける場合は、注意が必要。法務省 HP『親子会社間の法律事務の取扱いと弁護士法第７２条』（法務省大臣官房司法法制部）https://www.moj.go.jp/content/001185737.pdf 参照。

[3] 法務部門がある会社では法務部門が契約書を審査することが多いと思われるが、実際に相手方と交渉をするのは、営業部門（営業がない場合は窓口となる部門）であるため、筆者としては、是非、営業部門の皆様にも契約書の内容を理解していただき、交渉を有利に進めていただきたいと考える。

[4] 前述の弁護士法第 72 条の問題もあるが、法的な問題点以前に同じグループ会社とはいえ、違う会社であり、業態も違うため、的確な回答をすることは自社における相談よりも難しいと考える。

ですよね。ちなみに、社外の法務関係の研修に行ったら、営業の方が参加されている会社さん[5]もありましたよ。」

浅野は、法務部門だけが中心となって契約書を審査して、コメントをするのは以前から避けることができないか、契約内容に関わるメンバーそれぞれが、契約書を読み、内容を理解したうえで、結ぶことができないかと考えていた。

それは、契約の内容を実際に運用するのは法務ではなく、営業や業務を実施する部門であり、その部門がまずルールを知っておくことが必須だからであるし、また、契約交渉の中で、営業が相手方の契約書案を受け取って、社内で持ち帰って、審査して、という時間をかける間もなく、営業が受け取った時点で、さっと相手方に意見をしてくれれば、もっと交渉がスムーズにいくのではないかと思っていたからだ[6]。営業部門へ契約書の読み方を教えるというのは、自分のこれまでの思いに通じるものがあり、何とか支援できれば、と思った。

毛利社長は、浅野が研修の開催に前向きな姿勢だと判断して、
「そうなんだ。じゃあ、早速お願いしていい？」
と話を進めた。

「一旦、上司には相談[7]しますが、実は、うちも新入社員で木村さんという方が配属されてきて、丁度、契約書の読み方を教えないと、と思っていたところだったんです。契約書についてあまり知らない方でも、とりあえず読んでみて、重要なポイントだけでも判断できるようになることをゴールにして教育してみましょう。」

「ありがとう。そうそう、いきなり細かいことは分からないから、自分達のような法務の専門ではない人間でも、パッとわかることができるくらいの内容のものを教えてほしいかな。というわけで、今回もお任せしようかな。うちは、池

---

[5] 筆者が2014年頃に経営法友会の研修に参加した際、他社の参加者の方より伺った話。「法務部門は一通り参加したので、次は営業が受講する番だとの指示を受けて参加した。」とのこと。なお、経営法友会は、会社の法務部門の方向けに情報交換や研修を実施している団体であり、法務関係の生の情報を入手しやすい。経営法友会HP https://www.keieihoyukai.jp/

[6] 筆者は、これまで契約書案を相手方から受け取った時点で、飲めない内容は飲めないと回答する、分からない内容はその場で聞く、といったことを対応しておけば、もっと早く契約を結べるのに、と感じることが何度もあった。是非、契約締結の窓口となる皆様方においては、重要事項だけでも理解していただきたいと考える。

[7] 組織である以上、上司の了解を取って進めるべきであると考える。また、上司の了解以外にも、このような親会社から子会社への支援行為（本書の場合は教育の実施）の実施にあたっては、会社間で支援契約等を締結しているかどうかを確認した方が良いと考える。仮に、親会社が無償で子会社に対して支援をすることになると、法人税法上における寄附金等に該当するのではないかと税務調査で指摘される可能性がある。

田さんと伊達さんという２名の社員でお願いするので、また時間調整とか場所とか連絡しましょう。」と毛利社長は話して、電話を切った。

浅野は、早速、木村さんに声をかけて研修への参加を指示し、自分は、研修の準備に取り掛かった。

２．契約書の読み方研修のはじまり

(1) 顔合わせ

毛利社長との電話から１週間後、広翠電機本社の１階会議室にて、浅野と部下の木村さん、広翠商事の池田さんと伊達さんが顔を合わせた。

また、浅野は、木村さんの先輩にあたる法務課在籍６年目の吉田さんを参加させた。吉田さんは、日ごろから契約書審査の対応をしつつ、他には法律研修を企画・実施をしており、今後、同様の研修をする際の講師役にと思い、オブザーバーとして参加してもらった。

広翠商事は、広翠電機本社ビルの２階にあり、浅野は、池田さん、伊達さんの顔は見たことがあったが、こうして仕事で関わるのは初めてだった。

「皆さん、お疲れ様です。広翠電機の法務の浅野です。毛利社長から伺っていますが、今日は、契約書の読み方についての研修をします。午後からしか時間が取れなかったので、若干眠いかもしれないですが、頑張っていきましょう。まずは、木村さん含めて、簡単に自己紹介をしてもらおうかな。」

最初に、木村さんが始めた。

「木村です。よろしくお願いします。学校では法学部で、民法のゼミにはいましたが、契約書は全く勉強したことがなかった[8]ので、この研修かなり心配です。」

心配、心配といっている割には、笑顔で話している。浅野自身、まだあまり仕事での関わりはないが、積極的な性格との印象は持っている。

広翠商事の２人が続けた。

「商事の営業の池田です。入社３年目です。契約書の言葉が難しくて困って

---

[8] 筆者も学生の時、法律の授業を取っていたが、契約書を読む授業というのは経験していない。中には、契約書を題材にする授業やゼミをするところもあると聞いてはいたが、少なくともあまり2000年前後においては少なかったものと思われる。

いて、どうしようかと思っていたところです。学校も法学部ではないので、ついていけるのかどうか…。」

「同じく伊達です。お願いします。実は、別の業界から転職してきたばかりで、前職は5年間営業をしていましたが、こういったBtoB[9]での仕事は初めてですので、心機一転頑張っていきます。」

池田さんは契約書は苦手な感じかな？伊達さんはやる気ありそうだな、と思いつつ、浅野は二人の自己紹介を聞いていた。

(2) みんな最初は分からない

「大丈夫ですよ。最初からは分からないですから。だいたい、契約書に書かれてある、甲、乙[10]とか、契約書の文の語尾に出てくる、何々するものとする[11]、とか、カシとか…、あっ、カシ（瑕疵）はキズのことです[12]、とか、ほぼ日常用語で使わないですよね。あと損害賠償とか、傍で聞くと物々しい感じですしね。」

「えっと、それよりも、長い文章を読むのが苦手で…。」
池田さんが発言した。

「うん。それもよく言われますよ。こればかりは練習です。契約書全体を見ると何ページもありますが、1つの条文ごとに分けて見ると、そんなに分量は多くないですよ。とにかく、この研修で基本的な条文を押さえて、自分がこれならわかるぞ、という条文を少しずつ増やしていきましょう。」

「はい…。」消え入りそうな声で返事が返ってきた。

「うん。池田さんも皆さんもとにかくやってみましょう。」
浅野は、参加者を奮い立たせるように語気を強めて言った。

---

[9] 企業と企業との間での取引のこと（Business to Business）。一般消費者との取引の場合はBtoC（Business to Consumer）という。
[10] 日本の契約書では、当事者のことを慣習的に、それぞれ、甲、乙と表すことが多い（3人目以降は、丙、丁、戊と続く。）
[11] 契約書では、一文の末尾が「～ものとする。」とあると、一般的に「～しなければならない。」という意味で解釈するが、必ずしも「～ものとする。」で末尾を整える必要はない（「～しなければならない」や「～する」というパターンもある。）。
[12] 以前の民法ではこの「瑕疵」という表記があったが、2020年4月の民法改正により「瑕疵」という表記が削除され、代わりに「契約の内容に適合しないもの」という表記に代わっている。契約書においても、今後「瑕疵」という表記が減少していくものと思われる。

Ⅱ　契約書作成の目的

１．契約とは

「じゃあ、まずは細かな契約書の条文の話に入る前に、言葉の意味を確認しておきましょう[13]。伊達さん、日常の業務の中で出てくる『契約』という言葉の意味は何だかご存じですか？」

「ある人とある人、それが、会社の場合もあると思いますが、その人や会社の間での約束事で、もし違反をしたら、裁判で強制的に、約束した内容を実現できるもの、でどうでしょうか？」

「すごい！どこかで聞かれていますかね？おっしゃる内容で大丈夫です。」

「ちょっとだけ予習してきました。」伊達さんが照れながら答えた。

「そうですね。解説書を見ると、私人間（しじんかん）、要は公の人ではなく、あと、人も会社のような法人も含みますが、そのような私人間で取り交わすお互いの権利や義務を約束するもので、相手がそれを守らなかった場合に法的に保護されるものを契約、と定義されていますね[14]。」

「法的保護というのは、例えば、誰かにお金を貸してそのお金を返してくれないケースで、仮にお金を返せと裁判までいった場合には、裁判所の判決に基づいて強制執行をして、貸していたお金を強制的に取り返してもらう、といった、裁判所という国家権力によって強制的に自分の権利を保護してくれることをイメージしてみてください。」

「ちなみに、契約は、原則は、口頭、口約束でも成立します。聞いたことがある方もいらっしゃると思います。じゃあ、なぜ、わざわざ、契約の書面までつくるのでしょうか？池田さん。」

---

[13] 花野（2012）P.２〜３　同書記載のとおり、「契約」の定義そのものを理解しておくことが問題を解決する切り口として重要な役目を果たす場合もある。
[14] 牧野（2022）P.２

２．契約書作成の目的

(1) なぜ契約書を作成するのか？

一瞬、ためらいつつ、池田さんが口を開いた。
「口約束だと、言った、言わない、ということになるからでしょうか？」

「おっしゃる通りですよ、池田さん。ありがとうございます。」

「契約書を読んだことがある方はご存じだと思いますが、難しい言葉で何ページにもわたって条件が書かれていますが、約束事っていっても全部覚えきれないですよね？また、何十年も前に結んだ契約書というものもあると思いますが、当時の担当者の方が、今もその担当であったり、はたまた会社自体に残っていらっしゃったりするとは限らないですよね。となると、当時の口約束なんてほとんど忘れているか、そもそも約束の内容が分からない訳ですよね。だから、書面に残しておく必要があるわけです。」

「また、契約内容がもとで裁判になったとして、裁判官の方に、口頭で約束しました、ということだけを主張しても、証拠として取り上げられにくいと思います。他方で、書面があれば、約束事があったということを裁判所は分かってくれるはずです。」
「そういった実際に裁判になったときの立証の観点からも契約の書面、契約書を作成する必要があるということです。キーワードは、後日のトラブル防止です。ここまでよろしいでしょうか？」

「わかりました。」

そのとき、吉田さんが補足して話した。
「今、浅野さんが、裁判所は分かってくれるはず、と言ったんだけど、契約書に書いた言葉そのものが曖昧だから、裁判官の方がきちんと判断できない、といったこともあるし、同じ会社の中でも、担当者が代替わり[15]すると、違う解釈に

---

[15] 社内の担当者が代わるというリスクは、一般的に頻繁に裁判が行われないということを鑑みれば、前述の裁判官が分からないというリスクよりもさらにリスクが顕在化（現実化）する頻度は高いものと思われる。また、内部監査や税務調査等でも契約書を確認することがあることを考えると、契約締結時の当事者だけではなく、第三者の視点も想像して、この内容で理解してもらえるだろうか、と考えながら契約書の文言を考える必要がある。

なることもよくあるので、契約書を作ること自体も大事だけど、どのように言葉を選ぶかも大事です。」

「吉田さん、そのとおりです。せっかく契約書を作成しても解釈が２通りも３通りも出てくる契約書もこれまたトラブルの元となって、良いものではないので、これから経験を積んで書き方もマスターしていきましょう。」

「まず、ここまでよいですかね。契約とは、契約書作成の目的とは、という内容を話しました。次は、いよいよ中身に入りますね。」

(2) まとめ

契約の定義：	私人間で取り交わすお互いの権利や義務を約束するもので、相手がそれを守らなかった場合に法的に保護されるもの
契約書作成の目的：	①口約束だけだと、言った、言わない、のトラブルの元になるので、それを回避するため（＝後日のトラブル防止）。 ②仮に裁判になった際、裁判における有力な証拠として使用するため。

Ⅲ　契約書の全体像・最低限の確認ポイント

１．契約書の全体像

「では、まずはサンプルとして作成した契約書[16]を読みながら、全体像を説明しますね。ざっと読んでみてください。」

といって、浅野は次の契約書サンプルを示した（次ページ参照）。

「あくまで架空のケースとして考えてくださいね。ここでは、広翠電機が、皆河工機という会社へ工作機械を売るというケースです。」

---

[16] 本書に記載した契約書のサンプルは、あくまで本書用に作成したサンプルであり、どのような案件にも使えるものではないことをご了承願います。

(1) 契約書サンプル

売買契約書

広翠電機株式会社（以下「甲」という。）と株式会社皆河工機（以下「乙」という。）とは、甲製造の工作機械を乙に売り渡すことで合意したので、次のとおり売買契約（以下「本契約」という。）を締結する。

第１条（目的）
甲は、乙に対して、別紙記載の工作機械（以下「本機械」という。）につき、下記の条件で売り渡すことを約し、乙はこれを買い受ける。

記

引渡期日：2022 年 5 月 15 日／引渡場所：甲 XX 工場（xx 県 yy 市…）

第２条（代金、支払条件）
１．本機械の代金は、下記のとおりとする。

記

本機械代金：2,000,000 円
消費税　　：　200,000 円
合計　　　：2,200,000 円

２．乙は、甲に対して代金及び消費税相当額を 2022 年 6 月 30 日迄に甲指定の金融機関口座に振り込んで支払う（振込手数料は乙負担）。

～中略～

第９条（協議事項）
本契約に定めのない事項、又は本契約の各条項の解釈について疑義が生じたときは、甲及び乙は、誠意をもって協議し、これを解決する。

本契約の成立を証するため、本書２通を作成し、甲乙記名押印の上、１通ずつ保管する。

「実際には、最後の『～１通ずつ保管する。』の後ろに、締結日が記載されて、両社の所在地と社名、そして、締結権限者の役職名、もし代表取締役が締結権限者であれば、代表取締役と書きます。そして氏名と押印[17]がされることになります。」

---

[17] 会社名だけを記載して、締結権限者名を書かない契約書を見かけるが、会社自身が契約締結をするわけではなく、会社を代表する者を通じて、締結をするものであるので、各会社で契約を締結できる権限がある者の氏名を記載すること。また、押印に使う印は、役職印（社長印、事業本部長印等）を押印するのが一般的であるが、業界によっては、社長印以外は個人印を押すケースもある（なお、逆に、個人印は拒否されるケースもある）ので、あまり契約の締結の

(2) 表題（タイトル）・前文

「まず、冒頭に『売買契約書』という記載がありますね。表題とかタイトルと呼んでいます。タイトルのつけ方のルールはありません。ちなみに、『契約書』でなくても、『覚書』、『合意書』、他には『工作機器に関する売買契約』といったタイトルでも構いません[18]。ただ、あまりに変わったタイトルで相手先から質問を受けるようでは、確かに法的には有効ですが、その質問へ対応する時間分だけ無用な工数だと思いますので、端的なタイトルが良いと思います。」

「次の段落ですが、広翠電機、皆河工機の名前が入っていますね？第何条との条文が入る前の文なので、前文（ぜんぶん）と呼んでいます。ここでは、当事者の名称の他、この契約内容の概要、目的が書かれていることが多いです。」

「かっこ書きのところで、広翠を甲という、皆河を乙という、との表現が出ていますが、日本の契約書では、ほぼ当事者の略称としては、先に登場する当事者から順に、甲（こう）乙（おつ）丙（へい）丁（てい）戊（ぼ）…と定義するのが一般的ですが[19]、決まったルールもないですので、広翠という、皆河という、でも大丈夫です。ただ業界によっては見かけないかもしれません。最初は見慣れないですが、必ず出てくる表記ですので、甲乙の表記には慣れてほしいです。」

甲とか乙とか日ごろ聞かないし読みにくいなぁ、と思いながら、池田さんは、とりあえず、話を聞いていた。

(3) 本文・後文

「さて、第１条以下ですが、本文（ほんぶん）と呼びます。第１条は文が１つだけですが、第２条は、１．で代金が、２．で支払いの諸条件が書かれています。１．を、第１項、２．を第２項と呼んでいます。また、条の１つ下の階層は、項と呼びます。さらに、項の中身を（１）（２）（３）と細分化する場合は、（１）を第１号、（２）を第２号と呼びます。文字にはなってないですが、慣習的に、項、号をつけて呼んでいますので、覚えてください。」

経験がない場合は、社内の経験者や契約の相手方とも相談して、押印手続きをしていただきたい。

[18] 鈴木・豊永（2018）P.28　名称次第で表題をインデックス機能として使うこともできる。

[19] 当事者表記を甲、乙…と表記をするのはやめるべきとの意見もある（植村貴昭氏のホームページ『止めましょう！危険です！甲乙丙丁戊（こうおつへいていぼ）の表記：甲乙の次（つぎ）は？』https://polaris-ip.com/service/support/keiyaku/kouotsu/）。確かに、甲と乙を逆に読み書きする等のリスクがあることを鑑みると妥当な意見とも思われるが、現時点（2022年）では、筆者が経験している限りではあるが、甲、乙で表記することが一般的と思われる。

「そして、全体像の最後の話ですが、『本契約の成立を証するため、本書２通を作成し、甲乙記名押印の上、１通ずつ保管する。』という一文ですが、これを後文（こうぶん）、末文（まつぶん）、他の呼び方としては、結語（けつご）[20]と呼んでいます。次は、特に重要なポイントを説明します。」

２．最低限押さえたいポイント

(1) 基本は、５W２H

「皆さん、『５W１H』や金額を表すHow muchを含めた、『５W２H』という言葉を聞いたことがあると思います。契約書以外でも、ビジネス文書や議事録の作成、日々の報・連・相をする中でも指導されていると思います。これらの要素を入れて説明をすれば、きちんと相手に伝わるはずです。」

「木村さん、先ほど、契約書の作成の目的はなんて言いましたっけ？」

「後日のトラブル防止、です。ということは、契約書も５W１Hや２Hがわかるかどうかを考えながら読めばいいんですよね？」

「おっしゃる通り。契約書も仕事、ビジネスの中で使われる文書の一種ですから、同じように考えましょう。」

「例えば、契約書での５W２Hは、こんな感じです。」

(2) 契約書での５W２H[21]

５W２H	契約書の項目	備考
Why（なぜ、目的）	前文、目的	秘密保持契約の場合、開示の目的を明示
Who（誰が、誰と）	前文	
What（何を）	対象の品・サービス	
When（いつ）	有効期間、締結日	その他、長期間の契約の場合は、契約が終了する時期、条件も重要
Where（どこで）	納品場所、実施場所	その他、管轄裁判所の所在地
How（どのように）	手段	
How much（いくらで）	代金	料金表等、別紙で作成する場合もある

[20] 牧野（2022）P.31
[21] 牧野（2022）P.30を元に筆者加工

「参考までに、ある解説書では、契約書の柱となる超重要条文として、①合意の種類（取引内容）を定める条文②対価の支払に関する条文③契約期間に関する条文④契約終了に関する条文、といった説明がありました[22]。説明の仕方は異なりますが、重要な条項の考え方としては、ほぼ一致していますね。」

伊達さんがすかさず質問した。

「確かに、今、ご説明のあったそれぞれの項目は、契約にとって重要なことなので、ここの内容を意識することはよいと思いますが、出てくる順番に決まりがありますか？例えば、目的、当事者、契約の対象、金額…等、どうでしょうか？」

「私が経験した限りですが、順番の決まりといったものはないです。ただ、一般的な文書として考えたときに、目的がその文書の最後に出てくる、とか、金額の話が先に出ているけど、対象となる品物やサービスの話が後ろの方で初めて出てくるというは、ちょっと違和感ありますよね。ですので、対象となっているビジネス上の重要な項目は、前の方に置き、逆に、損害賠償や機密保持義務や管轄の裁判所の話といった、どの契約書にも出てくる条項は後ろにするというのが、一般的かなと思います[23]。」

浅野は、自分で話しながら気になったことがあったので補足した。

「先ほどから、一般的、一般的だと、やや歯切れの悪い発言を繰り返していますが、元々『契約自由の原則』といって、契約内容は原則的に、当事者が自由に決めることができます。どの契約書も全く同じ順番かといったらそうではないんですよ。経験した中では、金額や支払いの話が契約書のずっと後ろの方にあったり、一般条項が前の方にあったり、というものもありました。ただ、それらも無効な契約ではなく、有効です。また、順番がおかしいですよと、指摘するのもあまり意味のあることではないと思いますので[24]、契約書を審査するときは、相手方に対して条文の順番の修正をお願いすることはあまりないですね。」

「では、次に行きましょう。各条文を細かく見ていきます。」

---

[22] 櫻井（2017）P. 10

[23] 鈴木・豊永（2018）P. 104。「必須なもの、特別なもの、案件特有の規定が前に出てくるという書き方が普通」

[24] 契約書審査の業務において、さしあたってのゴールは、合法、かつ、自社にとって不当（場合によっては、著しく不当）ではない契約を結べるように進めること、又は、違法、不当な内容であれば、締結 NG と進言することであるが、契約書審査を長年するとどうしても体裁面でのこだわりが増えてくる。放置しても害のない内容であれば、何も修正しないということも場合によっては選択肢となる。体裁面でこだわりだすと、「趣味の世界」と揶揄されることもある。この点、鈴木・豊永（2018）P. 31。

Ⅳ 契約書の重要な条項のチェックポイント

1．契約の当事者

「前文には契約を結ぶ当事者の名称が書かれていることを確認しましたが、単に当事者の名称の記載とはいえ、実はここもポイントがあります。」

(1) 名称は正しく、略さず書く

「まず、当事者の名称は、正確に、㈱、㈲等と省略されていないか確認しましょう。あと、社名の前に株式会社、有限会社が付くのか、後ろに付くのか、これも、必ず正しく書かれているか確認しましょう[25]。間違った社名だと、最悪、そんな名称の会社はない、と主張される可能性があります。ただ、法的な話以前に、間違った社名だったら相手方に対して失礼ですよね。」

(2) 契約を結ぶのは、株式会社皆河工機 旭営業所？

「次は、少し難しいです。先ほどのサンプルの続きで、皆河工機の旭営業所というところに、工作機械を売るとします。その際、前文で『広翠電機株式会社（以下「甲」という。）と株式会社皆河工機 旭営業所（以下「乙」という。）とは、甲製造の工作機械を乙に売り渡すことで合意したので…』と、旭営業所という名称を書くことは正しいでしょうか。」

「結論的には、あまり望ましくないと思っています。例えば、旭営業所へ工作機械を納めるが、代金の支払いは、旭営業所とは別拠点にある本社からされる、という場合、支払いの段階になって、本社側が、こんな話知らないし、旭営業所の話でしょ、と言われると困ると思います[26]。実際は、そこまでの話にはならないかもしれませんが、例えば、『弊社は支払いも含め、御社（メールで書くなら、貴社）と契約しており、旭営業所のみとの契約ではないと考えておりますので、「旭営業所」は削除いただけないか』とお願いしてもらいたいと思います。」

---

[25] 中には、株式会社や有限会社ではなく、個人が個人事業主として、いわゆる屋号をつけて商売をしている場合もある（例：A川太郎さんが、個人事業主として、A商店を経営している。）。この場合、確かに商売はA商店が行っているように見えるが、このA商店は、法律上、権利や義務を持つ当事者とはなれない。また、実態は、A川太郎さん個人の責任で商売をしているので、書き方としては、「A商店ことA川太郎（以下「乙」という。）」と記載する。この点、櫻井（2017）P. 23。

[26] 鈴木・豊永（2018）P. 103

(3) まとめ

売買契約書

広翠電機㈱①（以下「甲」という。）と㈱①皆河工機　旭営業所②（以下「乙」という。）とは、甲製造の工作機械を乙に売り渡すことで合意したので、次のとおり売買契約（以下「本契約」という。）を締結する。

①：㈱といった略称は避ける。株式会社と正しく書く。
また、株式会社+社名なのか、社名+株式会社なのかも注意する。
個人事業主の場合は、例「●商店こと個人名」と書くのが良い。
②：当事者としての表記は、会社名だけとした方が良い。
（トラブルがあった際、旭営業所以外が対応しない可能性あり）
↓
<修正提案の文例>
広翠電機：当事者名称の記載として、営業所名を記載されていますが、契約の権利や義務が帰属する主体は、あくまで貴社自体であるものと思料致しますので、営業所名は修正いただくか、「～甲製造の工作機械を乙旭事業所に売り渡すことで合意したので～」と前文の別の箇所への記載としていただくようご検討いただきたく存じます。

「この研修では、契約書を読む際の重要ポイントの説明とともに、実際に相手方に修正提案する場合にどうお願いすべきか、文例も紹介しますね[27]。」

「営業の方だと、直接相手方と交渉されることもありますが、中にはメールだけでの交渉というものもあると思います。特に、法務部門だと、直接相手先に出ていく機会は少ないですから、上記のように、契約書に修正提案のコメントをつけて回答することが多いです。もちろん、100％うまくいくわけではないですが。」

「気をつけていただきたいことが 2 点。上記の文例は使ってもらって大丈夫ですが、的外れな提案にならないよう言葉は理解して使いましょう。また、丁寧な表現で。10 年以上、契約書審査を経験していますが、どの会社も、あとは弁護士事務所の方も同様に丁寧な表現をされています。顔が見えない相手から厳しい表現のコメントが来たら、あまりいい気持ちしないですよね。」

[27] 修正提案の文例は、自社の立場、案件の軽重等があるため、ケースバイケースで作成するようにしている。著者がかつて理由付けとして参考にしたのは、岩崎洋一郎・仲谷栄一郎共著(1999)『国際ビジネス実践セミナー　交渉の英語①～③』日興企画。

２．目的・実施したいこと

「次に、契約の目的や契約を通して実施したいこと、要は、モノの売り買いがしたいのか、相手方に何かを作ってもらうのか、あるサービスの提供を受けたいのか等、契約における対象を記載した条項を見ていきましょう。」

(1) 目的：骨子を書く

「目的が書かれてある条項も色々なパターンがありますが、今後、契約書を作成することになった際は、前文の部分では、その契約書の骨子を書くと良いと思います。というのが、契約書を確認する時点や締結直後の時点ではまだ内容を覚えていますが、何年も経ってから内容を見返すことが出てきたときに、前文に骨子が書かれていたら、１条以下を探すことなく、この契約書は何の契約書だったかなと、さっと確認しやすいと思います。」

「ただ、気をつけてほしいのは、相手方からの情報を秘密（機密）にしておくための『秘密（機密）保持契約書』や、モノの貸し借りを定める契約書（賃料を取るときは『賃貸借契約書』、賃料を取らないときは、『使用貸借契約書』といいます。）の場合は、必ず情報開示や貸し借りの目的が明確になっているか確認しましょう。ある目的で情報を開示しました、モノを貸しました、といった場合、相手方が本来の目的と違う利用をされるのであれば、困りますよね。」

(2) 対象：自分が読んで何をするのかイメージがつくか？

「営業の方は、ある契約書を結ぶことによって、何をするのか、理解されていると思いますが、契約審査をする審査部門の方も、必ず、何を提供する、購入する、貸し借りする、サービスをするか等、この契約の対象は何なのか、字面からはっきり読み取れるかを検証してください。不明確な内容でもどうせ問題にならないだろう、とか、後で協議すればいいじゃん、という考えはやめましょう。たいてい、契約トラブルになっているときは、冷静に話し合いができる状況ではないと思います。後日のトラブル回避が契約書作成の目的でしたね。」

伊達さんからの質問があがった。

「例えば、警備契約という契約がありますが、普通、警備会社に委託する際、どういった内容の警備か、警備時間は、実施エリアは等、詳細を決める必要があると思いますが、これも全部、１条とか２条に書くものでしょうか？」

「はい。確かに、１条、２条に入れてもいいと思います。ただ、警備契約もそうですが、詳細の業務手順を契約書に記載する場合は、『詳細は別紙仕様書に従うものとする。』として、詳細の仕様書や手順書だけ外出しにして契約書の後ろに別紙として一緒に綴るのもありだと思います。」

「確かに、見かけますね。」と伊達さん。吉田さんもうなずく。

(3) まとめ

売買契約書

（略）〜とは、甲製造の工作機械を乙に売り渡すこと①で合意したので、次のとおり売買契約（以下「本契約」という。）を締結する。

第１条（目的）
甲は、乙に対して、別紙②記載の工作機械（以下「本機械」という。）につき、下記の条件で売り渡すことを約し、乙はこれを買い受ける。

記

引渡期日：2022 年 5 月 15 日
引渡場所：甲 XX 工場（xx 県 yy 市…③）

①：前文に、この契約の骨子を書いておくと、後で検索しやすい。
上記とは別に秘密（機密）保持契約書や賃（使用）貸借契約書の場合は、目的が明確になっているか、特に確認が必要。
②：工作機械の様々なスペックをこの第１条に記載するのが煩雑なこともあるので、別紙添付（＝契約書の後ろに別紙として綴る）とすることも多い。
例：売買　対象となるモノ（不動産の場合は図面を添付）
業務委託　対象となる業務、サービスの内容
不動産賃貸借　対象となる不動産の図面
共通　料金表　（料金が複数ある場合や複雑な場合）
③：場所を指定する場合は、所在地まで特定したい。

「この他には、個別の発注書を、いつどのように出して（申込み）、いつまでにその注文を承諾するか、そして、いつその注文が契約として成立するか、といった個別契約の成立の手順を契約書に入れることがあります。」

3．代金（対価）・支払条件

(1) 代金（対価）

「代金については、ただ単純に一式1,000,000円といった契約であれば、契約書の本文中に記載しておけばよいと思いますが、複数の代金を書く、契約の締結時点では単価だけが決まっている等、複雑になるようであれば、前にお話ししたように料金表（単価表）を別紙で添付する、または、料金（単価）だけ別途契約を結ぶという方法が考えられます。」

(2) 消費税額の表記

「消費税ですが、今後（2023年10月1日～）、いわゆるインボイス制度が始まります。ケースとしては少ないかもしれませんが、契約書を適格請求書等と扱う場合[28]、税率、消費税額を本体金額と別に記載する必要が出てきます[29]。税込金額で一式いくら、との表記だけだと、制度開始後、会社が消費税を納税する際に不利に働きますので、注意が必要です。これから始まる制度ですので、うちも、広翠商事さんも、不明点は早めに、財務部門へ確認するようにしましょう。」

(3) 支払条件

「支払条件ですが、下表のように、

項目	例
①代金の締め日	月末締め等
②請求書発行時期	翌月の甲の第２営業日中
③何を	当月分の代金と消費税相当額
④どこに	甲が別途指定する金融機関口座
⑤どのように	振り込んで支払う
⑥振込手数料負担先	振込手数料は甲負担とする

を定めておけばよいですが、継続的に取引のある会社だと、別途支払条件だけ、書面で決めている場合も多いと思います。そういったときは、端的に『支払条件は別途定めた支払条件合意書に従うものとする。』との記載が契約書に書かれてあって、その合意書が実際に存在しているのであればよいですが、契約書と一緒に綴じていないと散逸する可能性があるので、会社のルールのしたがって保管をしておきましょう。」

---

[28] 例えば、毎月定額の賃料を支払うことを定めている賃貸借契約書において想定される。
[29] 適格請求書としての記載事項の詳細は、国税庁ホームページ『特集インボイス制度』参照。
https://www.nta.go.jp/taxes/shiraberu/zeimokubetsu/shohi/keigenzeiritsu/invoice.htm

(4) まとめ

<単発の売買契約の場合>
第２条（代金、支払条件）
1．本機械の代金は、下記のとおりとする。

記

本機械代金	：2,000,000 円
消費税(10%)	：　200,000 円
合計	：2,200,000 円

2．乙は、甲に対して代金及び消費税相当額を 2022 年６月 30 日迄に甲指定の金融機関口座に振り込んで支払う（振込手数料は乙負担)。

<単価表を別出しする場合>
第２条（代金、支払条件）
1．乙が購入する本機械の単価は、2022 年４月１日付単価表記載の内容に従う。
2．当月に乙が購入した本機械の代金の合計は、当月末日締めで算出する。甲は、翌月の甲の第２営業日迄に乙に請求書を送付し、乙は、翌月末日までに代金及び消費税相当額を甲指定の金融機関口座に振り込んで支払う（振込手数料は乙負担)。

４．有効期間・契約の更新・契約の解除

(1) 有効期間

「先ほど、５Ｗ２Ｈの話をしましたが、次は、いつ（When）の話です。契約がいつ始まって、いつ終わるのかを決めます。」

「ただ１回だけモノを売って代金をもらって終わり、という契約でも決めますか？」
木村さんから質問があがった。

「確かにその場合は不要ですね。では、同じ売買契約でも、継続的に売買をするもの、例えば、工作機械を製造するための部品をお客様の注文に応じて販売する。そして、代金はその月に納品した数量分だけ請求して支払ってもらう、といった契約の場合はどうでしょうか？」

「その取引のスキームが続いている限りだったら、契約は活かした方がよいのか…、だったら、今度は契約の有効期間の記載が必要ですか？」

「その通りです。一回限りの契約では、いつモノを引き渡して、代金を支払うかという意味で、引渡日や支払日を決めることは必須ですが、有効期間は決める必要ないですね。逆に、継続した取引を予定する契約や賃貸借契約もそうですね、これらの契約は、契約書の有効期間が書かれているか、書かれていたとしても、適切な期間になっているか、を確認しましょう。」

(2) 契約の更新

「また、継続取引を予定する契約、取引基本契約等とも呼びますが、たいてい、最初は1年契約とし、その後、お互い異議がないときは、更に1年間、同じ内容で契約を自動的に更新する、との規定があることが多いです。」

「この自動更新の文言が書かれている契約書ですが、もしあまり長期の契約をする予定がないのであれば、相手方に長期契約をするという過度な期待を持たせる可能性もあるので、削除することも一つの案だと思います。」

(3) 契約の解除

「契約期間の途中で契約を解除できる、といった条件が契約書に書かれていることもあります。もし相手方が倒産した場合にまで契約を続ける必要はあまりないですよね。契約書を読む際、どういったときに契約が終了するか、自社だけに不当に契約解除の条件が多く付いていないか、確認しましょう。」

「よくあるのが、今、説明したように、例えば相手方が倒産した等、何か引き金となる事実がある場合に解除ができる、という条項ですが、何も引き金となる事実がなく、例えば、3か月前に相手方に予告したら、3か月後に契約を解除できる、という規定もあります。今回は省きますが、この規定は、相手方に不当な時期に解除予告をした場合、解除は不当だとして裁判沙汰になるということがありますので注意が必要です。」

「ただ、相手方から当社側にかなり不当な内容の条件を提示された場合で、それでも契約を結ばざるを得ないという場合、この予告解除の条項を入れておき、あまりにも契約関係が悪くなったときに、半ば強制終了できるようにしておくというのは、一つの手段だと思います。」

(4) まとめ

<有効期間の条文>

第●条（有効期間）

本契約の有効期間は　契約締結の日①から１年間とし、期間満了日の３か月前に甲乙いずれからも終了の申し出がない場合は、本契約と同一の条件でさらに１年間更新されるものとし②、以後同様とする③。

<契約解除の条文>

第●条（契約解除）

1．甲又は乙は、相手方が本契約の各条項に違反した場合に、相当の期間を置いて催告したにもかかわらず是正されないときは、本契約の全部又は一部を解除することができる。

2．甲又は乙は、相手方が次の各号のいずれかに該当したときは、催告その他の手続を要することなく④、直ちに本契約を解除することができる。

（１）　支払停止若しくは支払不能の状態に陥ったとき、又は自ら振り出した手形の不渡処分を受けたとき。

（２）　第三者より差押、仮差押、仮処分、その他強制執行若しくは競売申立て、又は公租公課の滞納処分を受けたとき。

（３）　破産、民事再生手続、又は会社更生手続開始決定の申立等の事由が生じたとき。

3．前２項の定めにかかわらず、甲又は乙は、３か月前までに相手方に書面で通知することにより本契約を解除できる⑤。

①：契約締結日ではなく、任意の日を指定することもある。

②：長期契約を予定していないのであれば、あえて更新させる一文は不要とすることも考えられる。

③：「以後同様とする」との記載がないと、“更新は１回だけ”と解釈されるため、継続して更新させたい場合は必ず記載。

④：上記の（１）～（３）は、猶予期間を与えて、待っておけば改善するという見込みが低い事象であるため、催告なしでの解除とすることが一般的（実際の契約書では、もっと列記がされている）。

⑤：予告だけあれば解除ができるとしているが、契約書に記載があっても有効とはされないケースがあるため、行使する際は注意が必要。

5．契約の変更

(1) 変更方法：全部書き変える？一部だけ変える？

「ここまで５Ｗ２Ｈの話でしたが、今度は、契約を結んだあと、その内容を変更する場合の方法について、説明します。」

「池田さん、例えば、広翠商事さんが、仁浦運送さんへ、2018 年からＡ工場からＢ工場への家電部品の輸送をお願いして、輸送契約を結んでいました。ところが、Ｂ工場への輸送が無くなったので、代わりに 2022 年８月１日からＡ工場からＣ工場への輸送をお願いするとして、今までの契約をどうしましょうか？今までの契約は、仮に①業務内容、Ａ工場からＢ工場への輸送ですね、②輸送料は１回の輸送で 10,000 円としましょう、あとは③支払条件④有効期間は 2018 年４月１日から１年間の契約ですが、自動更新となっているので、継続している、ということが決まっているものとして考えてください。」

「あと、Ａ工場からＣ工場への輸送に変わったことで、輸送料は１回 15,000 円になったと考えてください。さて、今の契約はどうします？」

「はい、Ａ工場からＣ工場への輸送の変更について変更契約を結びます。これは経験したことがあります。」

「そうですね。じゃあ、①から④全部変更する必要がありますか？」

「①②の変更だけでよいと思います。」

「ありがとうございます。実際は、契約書丸々変えることもあるのですが、変更が部分的でしたら、その変更部分だけ変えることもありますね。元の契約書と変更の契約書と、両方管理しなければならない手間を考えたら、全部丸々変えるということもあり得ると思います[30]。ですが、本当に一部だけの変更だったら、変更契約、他には変更覚書とも言いますかね、を結びます。いずれにしても、変更した場合も、きちんと書面で変更の記録を残すものと考えてください。」

---

[30] 契約を全部変える場合、デメリットとして、変更のタイミングで、他の条文も変えようという話に派生して、自社に不利な変更が追加でなされたり、契約交渉に余分に時間がかかったりすることも考えられるので、ごく一部のみの部分的な変更をするのであれば、変更契約の方が素早く実施できると考える。

(2) まとめ

変更契約書

広翠商事株式会社（以下「甲」という。）と仁浦運送株式会社（以下「乙」という。）とは、甲乙間で締結した2018年4月1日付運送委託基本契約書①（以下「原契約」②という。）の内容について変更することで合意したので、次のとおり変更契約（以下「本変更契約」という。）を締結する。

第１条（変更内容）
1．原契約第１条の輸送区間を次のとおり変更する。
　輸送区間：発地　A工場／着地　C工場③
2．原契約第２条の輸送料を次のとおり変更する。
　輸送料：15,000円/回③

第２条（効力発生日）
本変更契約は、2022年8月1日発注分から適用される。④

第３条（その他）
本変更契約で変更した内容の他、原契約の変更はない。⑤

本変更契約の成立を証するため…（後略）

①：この変更契約がどの契約と紐づいているか、特に契約書の名称はよく似た名称が多い為、締結年月日+契約書名称で特定させる。
②：変更契約の元となる契約のことを「原契約」と呼ぶことが主流。
③：本書のように、変更箇所だけを明記する場合もあるが、変更する箇所が含まれる条項を全て置き換えるという表記方法もある。
④：どの時点から適用されるかを明確にする。ここでは、2022年8月1日と記載したが、ただ8月1日と書くと、1日に発注したのか、発車したのか、納品されたのか、が不明確である。
⑤：変更点は、他にない旨を明確にする趣旨で記載することが多い。

「補足ですが、もし原契約を丸々変える場合は、『本契約の締結をもって2018年4月1日付運送委託基本契約書は失効する。』との一文が新契約書に書かれてあることを確認してください。そうでないと、同じ種類の、しかし微妙に内容の異なる契約書が２つ同時に存在することになってしまいます。」

6．損害賠償条項

(1) 損害賠償条項の意義

「5W2Hに関わる条項は、いわゆるビジネスに関わる内容でした。それに対して、これから話す損害賠償条項や、今回パスしますが、保証条項、期限の利益喪失条項[31]等は、契約上のトラブル発生時に対処するための条項です。この点、弁護士の花野信子先生の著書では、前者をビジネス条項、後者をリスク管理条項と呼ばれています[32]。一般的な呼称ではないのですが、契約書の研修や教育資料を作る際には、分かりやすい分類だと思います。また、この後出てくる、協議、裁判管轄、準拠法といったどのような契約書でも定型的な記載で出てくる条項は、通常、一般条項と呼ばれています。」

「少し脱線しましたが、損害賠償条項を契約書に入れることで、もし契約内容を相手方が予定通りに実施しないという“リスク”が実際に発生した場合、金銭（＝損害賠償）で解決する、といったリスクマネジメントをすることができます。」

(2) 不利な条項への対応

「具体的な内容は、次のページで補足しますが、賠償の範囲は当事者間で決めることができますので、皆さんが契約書案を読む際、自社にとって不利な内容になっていることも多々見かけると思います。」

「例としては、当社側だけに損害賠償責任を負うように書かれている、相手方が故意（わざと）や重過失（故意ではないが、故意と同等と思われる内容）の場合しか責任を負わない、賠償額の上限が定まっている、相手方が損害を被ったことによって逸失した利益まで賠償義務を負わせる、といったものがあります。相手方も自社のリスクヘッジのために置いているわけですが、あまりにも両社間で公平感を逸する内容であれば、修正するように依頼したいです。それでも修正を承諾いただけない場合ですが、その内容でも許容できるかを社内で判断するしかないです。」

---

[31] 契約書で定めた一定の事項（たいていは、破産や手形の不渡り等）に該当した場合、支払期限まで支払いが猶予されていた義務をすぐに履行しなければならない、と定める規定。要は、支払“期限”まで支払わなくてよいという“利益”が、破産等の発生によって、失われる（＝“喪失”する）ことである。

[32] 花野（2012）P.52。なお、同書では一般条項のことを、定型条項と呼んでいる。

(3) まとめ（当社側にとって不利な賠償条項がある場合の修正提案例）

①自社（甲。相手方は乙。以下本ページ同様。）のみ責任を負う場合。

> 甲は乙に対して、本契約に基づき損害を与えた場合は乙に賠償する。

＜修正提案の文例＞

広翠電機：本条項では、弊社のみ責任を負う建付けですが、弊社も、例えば、貴社による弊社機密情報の漏えいにて損害を被る可能性がないと言い切れないと考えます。そこで、本条項につき、貴社弊社間対等に賠償条項を追加させていただきたくご検討願います。

②相手方が故意又は重過失の場合しか責任を負わない場合。

> ～乙は甲に対して、乙に故意又は重過失がある場合に限り、損害賠償する。

＜修正提案の文例＞

広翠電機：故意、重過失のみの責任とされておりますが、民法の不法行為による賠償責任の規定は当事者間での損害の公平な分担を趣旨とし、過失責任が原則だと理解するところ、原案は上記趣旨にそぐわないものと思料しますので、「故意又は過失」と修正いただきたく存じます。

③賠償額の上限が定まっている場合。

> ～賠償額の上限は、月額委託料の 12 か月分とする。

＜修正提案の文例＞

広翠電機：本件の月額委託料（●●円）を鑑みると、賠償額の上限は■■円となるところ、本契約における損害として、貴社が保守作業中に弊社機器を破損するといったことも想定されますが、■■円ではカバーできるものではなく、損害の公平な分担の観点からは、承諾しかねる内容と思料いたしますので、ご再考をお願い致します。

④逸失利益まで請求されている場合。

> ～賠償の範囲は、直接損害だけではなく、逸失利益も含める。

＜修正提案の文例＞

広翠電機：賠償の範囲として、逸失利益も含めるものとされておりますが、損害発生時において貴社において具体的にどのような逸失利益が生じるかは分かりかねますところ、民法上の損害賠償請求の規定においては、予見しえた範囲でしか特別損害の責任は負わないのが原則と理解しておりますので、ご再考をお願い致します。

7．裁判管轄・準拠法・協議

「次は、先ほど少し話した一般条項です。(2)の準拠法は全ての契約書に出てくるわけではないですが、(1)裁判管轄や(3)協議の条項は、どういった種類の契約書でも出てくると思います。」

(1) 裁判管轄

「万が一、裁判になった場合、どこで裁判を行うかを決めておく条項です。あまり裁判を抱えない会社の場合、この条項は軽視しがちになりそうですが、仮に広島に本社がある会社が、合意管轄裁判所として札幌地方裁判所との契約を結んだ後、裁判になった場合、毎回行く必要はないとしても、それでも札幌に行く場合は交通費、宿泊費がかかります。また、弁護士の先生にお願いするのであれば、日当もかかります。とすると、万が一トラブルになって、裁判しようにも、裁判費用倒れするのでできないということにもなりかねません。ですので、自社から遠い場所が管轄裁判所として書かれているのであれば、きちんと交渉していただきたいと思います。」

(2) 準拠法

「日本の会社同士の契約の場合は、日本以外の法律を適用するということは通常はないので、記載されないことも多いですが、海外の会社との契約や海外に本社を置く会社との契約の場合は、必ず入ってくる条項です。」

(3) 協議

「通常、契約書の最後の条文として書かれていると思います。万が一契約上でトラブルになっている場合に、誠実に協議しましょう、と言われても意味はないかもしれませんが、トラブルまでには至らない時点で、契約内容に不明点がある場合は、この条項を根拠に協議に持ち込める、という意味では必要と考えます。」

「ただ、注意点としては、例えば、委託する業務内容や支払条件等、契約を結ぶ際に曖昧になってしまっていたという事項がある場合、この協議条項があるから後で決めればいいや、といった発想はしないようにしましょう。議論の先送りをしているだけで、実際、決めようとしたときには、結局時間をとることになるので、決めるべきことは契約を結ぶ時点で決めておきましょう。」

(4) まとめ

第●条（合意管轄）
A案：１つの地方裁判所を指定
本契約（又は個別契約①）に関する訴訟は、●地方裁判所を第一審の専属的合意管轄裁判所とする。

B案：訴額に応じて裁判所を指定
本契約（又は個別契約）に関する訴訟は、訴額②に応じて、●簡易裁判所又は●地方裁判所を第一審の専属的合意管轄裁判所とする。

C案：双方の被告地の裁判所を指定
本契約（又は個別契約）に関する訴訟は、被告の本店所在地を管轄する地方裁判所を第一審の専属的合意管轄裁判所とする。

<修正提案の文例>　上記A・B案で自社に不利な裁判所を指定された場合
広翠電機：管轄裁判所につき、貴社本店所在地の札幌市を指定されておりますが、弊社本店所在地からは遠方となっており、公平ではないものと資料致します。公平の見地から、一方当事者が訴訟を提起する場合、他方当事者の本店所在地を管轄する地方裁判所を専属的合意管轄裁判所とすることをご提案させていただきたく、ご検討願います。
（とコメントした上で、上記C案を提案する。）

第●条（準拠法）
本契約は、日本法に準拠し、これに従って解釈される。

第●条（協議事項）
本契約に定めのない事項又は本契約の各条項の解釈について疑義が生じた場合は、甲及び乙は誠意をもって協議し、これを解決する。

①：締結した契約に基づいて個別に契約を結ぶことを予定している場合（例：基本契約を締結しておき、個別具体的なモノやサービスの受発注は、発注書で行う場合）に記載する。
②：民事訴訟法第33条第１項第１号に基づき、簡易裁判所が扱える額は紛争の対象となっている金額が140万円以下の場合。

8．契約書での言葉遣い

(1) 言葉遣い

「ここでは、契約書の形式面について説明します。冒頭で『契約自由の原則』という原則があると言いました。契約内容は原則、当事者が自由に決めることができる、と。一方、契約書は、後日のトラブル防止や裁判になった際の証拠とするために作成するともお話ししましたが、裁判官が内容を分かってくれない契約書を私たちが作ってしまうと、作成の目的を達成できないことになりますよね。裁判所は法律の解釈をする国家機関ですので、法律で使われている言葉遣いは無視できない[33]はずです。ですので、契約書を書くときは法律で使用されている言葉遣いを参考にした方が良いと考えています。ただ、法律用語を使用することを強調することが契約書を一般の方から遠ざけている原因にもなっていると思いますが…。」

「ただ、後ほど説明しますが（注：次ページ参照）、『及び』と『並びに』や『又は』と『若しくは』の使い分け、ひらがなの『とき』の使い方、言葉の語尾の説明は、必ず押さえてください。」

(2) 契約書内での用語の統一

「言葉遣いも大事ですが、トラブル防止という観点からは、同じ契約書の中で出てくる用語は、全て統一させましょう。仮に、作成者本人は、同じ意味で使っていると思っていても、例えば、『業務』と『作業』、『承諾』と『同意』、『文書』と『書面』、よく似ているとは思いますが、他の方から見ると、これは同じ意味で使っているのか？そうじゃないのか？と、疑問が出ます。実際の契約書案をじっくり見てほしいのですが、たいてい、用語は全て統一されているはずです。細かいですが、同じ言葉でも、『但し』と『ただし』、『直ちに』と『ただちに』等、漢字で合わせるか、ひらがなで合わせるか、『立ち入る』か『立入る』かといった送り仮名の統一についても、作成するときは統一してほしいです。」

「これは私の経験ですが、相手方から頂いた契約書案をざっと読んで、用語の統一がされていない箇所が数か所出てきたら、あまり検討されていない契約書案かなと思い、じっくり読むようにしています。もちろん、統一されていても確認はしますが、用語のチェックまでしていないところを見ると、突貫工事で作成されたかな、との気持ちで確認するようにしています。細かなところで足元を見られないように、今後契約書を作成する際には、気を付けてほしいと思います。」

---

[33] 鈴木・豊永（2018）P. 12

(3) まとめ

契約書における言葉遣い[34]について

①及び/並びに

いずれも前後の語句を並列でつなげる接続詞（英語では and)。単純にＡとＢを表す場合は「A 及び B」。まず小さなグループとしてＡとＢがあって、そのグループと同等のレベルでＣを並べる場合は、「A 及び B 並びに C」と表す（単純に A、B、C が並列であれば、「A、B 及び C」)。

②又は/若しくは

いずれも、前後いずれかの語句を１つ選択する場合の接続詞（英語では or)。単純にＡかＢかを表す場合は、「A 又は B」。まず小さなグループでＡかＢかを選択し、またそのグループと同等のレベルでＣを並べる場合（＝（A or B） or C)）は、「A 若しくは B 又は C」と表す（単純にＡかＢかＣかを表す場合は「A 又は B 又は C」)。

③〜するとき

契約書の中で、ひらがなで「〜するとき」との表記は、必ず、仮定的な条件を表す「〜する場合」と解釈すること。

なお、契約書で「〜する時」とある場合は、ある一時点だけを表すことになる。

④〜とする、〜ものとする、〜しなければならない

「〜とする」：合意内容を当事者間で創設して、その内容に法的な拘束力を持たせるようにするもの。

「〜ものとする」：一定の義務を負わせるもので「〜しなければならない」と同義。ただし、法律の条文では、義務を負わせる内容で「〜ものとする」との表現は少ないとのことであるので[35]、必ずしも、末尾を「〜ものとする」で合わせる必要はない。

---

[34] 本項目は、鈴木・豊永（2018）P. 13、31〜32、法令執務用語研究会（2012）P. 28〜35、牧野（2022）P. 51 を参照した。法令執務用語研究会（2012）は、法律用語についてコンパクトに説明がされているため、筆者は契約書審査の際に、日ごろから参照するようにしている。

[35] 鈴木・豊永（2018）P. 13、31〜32

9．契約内容の交渉のポイント

「ここまで契約書の確認方法について説明してきましたが、最後に、確認した後、これは修正が必要だと判断した契約書案をどのように相手方へご提案して、修正のご検討していただけるか、をお話しします。この点、弁護士の牧野和夫先生の著書[36]が非常に分かりやすくまとめていらっしゃいますので、参考とさせていただきつつ、私の経験も踏まえて説明します。」

(1) 契約することで得たい内容を考える

「まず、前提ですが、契約書の字面ばかり見ていたら、契約書をどう書くかに固執することもあります。でも、そもそも当社は何がしたいのか、例えば、どうしても業務を受注したいのか、だったら譲れるところはないか、他の例だと、この情報の秘密は守りたい、であれば守秘義務条項は絶対に入れ、かつ守秘期間を極力長期にしておこう等、そもそもこの契約で何をしたいんだっけ？相手方は何を求めてきているんだっけ？ということを振り返って欲しいと思います。」

(2) 契約書案は自社から提示する[37]

「契約書案は、できる限り、自社で作成し提示したいです。実際に契約書案を作ってみるときの気持ちに立つと、自社にとって不利になるような内容を書くことはないですよね？これは、各社共通だと思います。だったら、手間がかかっても、自社から提示するのが優位に話を進めるポイントになると思います。」

(3) 納得させるためには、説明資料の作成はいとわない

「牧野先生の著書では、相手方の上司への説明をしやすくする[38]、と書かれていました。私もそれ自体は賛成ですが、実際、契約書審査を主で行うのは、法務部門や顧問弁護士等、法に明るい方の場合が多いと思っていますので、私は、必要に応じて、契約書審査部門（場合によっては法務部門）宛の説明資料を作成するようにしています。特に法的に問題がある内容の場合、口頭でのやり取りだけでは話が不明確となるおそれがありますので、ポイントを書面で可視化するようにしています。自社にとって有益な契約を結べるようにするためですから、その労力は惜しまずにやりたいです。」

---

[36] 牧野（2022）P. 157～166
[37] 牧野（2022）P. 159
[38] 牧野（2022）P. 161

(4) 妥協案も準備しておく[39]

「(1) の延長かもしれませんが、相手方も相手方の思いをもって契約を結ぼうとされているわけですので、常に自社の内容が 100%通るとは限りません。なので、最低限ここまでは譲れるかといった、妥協案を準備しておくのも場合によっては必要と考えます。」

(5) 第三者の要請も理由とする[40]

「よく契約交渉の中で『弊社の法務がうるさいんで』『上司の了解がとれないんで』『本国まで聞かないといけない』と言ったことを理由に契約内容の修正が NG だったと聞きます。本当にそう言っているのか真偽のほどは定かではないことが多いですが…。ただ、場合によっては私たちも同様に使うのもありだと思います。あと、私は『場合によっては法務を悪者に使ってください』と言っています。何でも悪者にされるまでの度胸はないので、ある程度信頼した方に対してですが…。」

「ただ、私の場合は、相手方から『法務がうるさい』等と言われましても一旦は反論を考えます。リスクの低い内容であれば別ですが、『でしたら、相手方の法務部門に書面を出すので、ご確認してもらえないか』、『海外ということであれば説明の英文は作るので確認してもらえないか』等とお願いすることもあります。ただ、契約がご破算になっては意味がないので、当社側の担当の方とは相談しながら対応しています。」

(6) 不利な条件を骨抜きにすることを考える[41]

「先ほど契約の予告解除の話の際に説明した内容ですが、不利な内容だけれど契約を結ばざるをえない場合もあると思います。そのような場合は、例えば、無条件で解除ができる条項を入れる、といった手段が考えられます。」

「簡単にまとめてみましたが、もちろん、交渉の現場で実践しないと上達しないですよね。私は営業ではなく法務部門の人間ですので、あまり実交渉の現場に出ることはないのですが、それでも機会があれば出させていただくことがあります。是非、法務部門の方も必要があれば、交渉の場に出て経験をしてもらいたいと思います[42]。」

---

[39] 牧野（2022）P. 161
[40] 牧野（2022）P. 161
[41] 牧野（2022）P. 166
[42] 交渉を全て対応するようにと依頼を受けることもあるので、常に受けることまではしないが、営業部門と役割分担をして、交渉の席でそれぞれの得意分野を発揮し、よい結果を得られると思われる交渉であれば、積極的に出ていくようにしている。契約書の審査をする際、実際

V エピローグ

浅野が時計を見ると 17 時だった。休憩を挟みつつも、開始から 4 時間過ぎていた[43]。

「では、今日のところはそろそろ終わりたいと思いますが、池田さん、どうでした？」

「えっと、はい、読むポイントが少し分かりました。これまで、契約書の案を渡されてもどこからどう読めばよいかが分からなかったので、少しはメリハリをつけて読めるようになると思います。」

「そうですね。契約書のパターンは 1 つではないとお伝えしましたが、これからも色々なパターンに出会うと思います。でも、自分の得意な領域を見つけて、そこから少しずつ得意な契約書の領域を作って[44]欲しいです。伊達さんはどうです？」

「契約書を読むこと自体は前職でもしていましたが、知識がバラバラだったので今回基本的なことを整理できたと思っています。」

「ありがとうございます。今後、講師をしてもらうつもりで吉田さんにも参加していただきましたが、伊達さんも是非使えるところは社内に持ち帰って伊達さんからも発信してほしいです。これで終わりますが、今日、何回もお話ししましたが、契約書の作成の目的は、後日の契約トラブルの回避でした。契約書を確認するときは、必ず、この内容でトラブルにならないかな、という視点をもって読んでもらいたいと思います。」

の交渉の場面、相手方の顔、説明する自社の営業部門の顔が想像できることで、より深く契約書の文言を検討することができるようになるからである。

[43] 筆者は、これまで契約書に関する研修を開催したり、逆に社外研修を受講したりしてきたが、基礎的な内容をしっかり学ぶのであれば、2〜3 時間は必要と考える。また、身に付くようにするためには、学んだ内容を実際に契約書審査や作成の業務で実践することが必須である。

[44] 筆者の場合は、当初、秘密保持契約書の審査を中心に対応していたが、そこから、共同開発契約書や業務委託契約書の審査へと対応できる領域を広げていった。部下を指導するようになってからは、まずは単発のスポット契約をさせてみて、少しずつ、条文数の多い取引基本契約書を対応させるようにしている。

〔参考文献〕

櫻井喜久司（2017）『弁護士が教える実は危ない契約書 実践的リーガルチェックのすすめ』清文社。

鈴木学・豊永晋輔（2018）『契約書作成のプロセスを学ぶ ビジネスに寄り添う契約実務の思考法＜第２版＞』中央経済社。

花野信子（2012）『ビジネス契約書の基本知識と実務＜第２版＞』民事法研究会。

法令執務用語研究会（2012）『条文の読み方』有斐閣。

牧野和夫（2022）『初めての人のための契約書の実務 読み方・作り方・交渉の考え方＜第４版＞』中央経済社。

第５部　ＭＢＯにおいて取締役の善管注意義務違反が認められた事案についての一考察

Ⅰ　はじめに

私は、弁護士登録以来、今日まで１５件近くの株主代表訴訟に原告側代理人として関与する機会に恵まれた。このなかでも判例集に掲載されるなどして特に社会的に反響が大きかったのが、本稿で扱う事案である。本件は、レディースインナー企業で行われようとしたＭＢＯをめぐって、取締役の善管注意義務違反が認められた株主代表訴訟である（神戸地方裁判所平成２６年１０月１６日判決（判例時報２２４５号９８頁、金融・商事判例１４５６号１５頁、大阪高等裁判所平成２７年１０月２９日判決（判例時報２２８５号１１７頁、金融・商事判例１４８１号２８頁））。

本稿では、上記裁判例を中心にしてＭＢＯをめぐる取締役の善管注意義務はどうあるべきかについて論じることにしたい。

なお、上記裁判例の獲得は、原告弁護団全員の知恵を結集した結果であり、決して私一人の力によるものではないことを最初に断っておく。

Ⅱ　ＭＢＯについて

１．ＭＢＯ（マネジメントバイアウト）とは？

ＭＢＯ（Ｍａｎａｇｅｍｅｎｔ　Ｂｕｙ　Ｏｕｔ）とは、現在の経営者が資金を出資し、事業の継続を前提として会社の株式を購入することをいう。「経営陣による自社株買収」とも呼ばれている。

我が国で行われたＭＢＯの具体例としては、ワールド、ポッカ、すかいらーく、レックスホールディングス等がある。

２．ＭＢＯの方法

ＭＢＯに際しては様々なスキームが用いられるが、なかでも多く用いられるのが以下のとおり、公開買付けと全部取得条項付種類株式（会社法第１０８条第１項第７号）を用いたスキームである（なお平成２６年の会社法改正により特別支配株主の株式等売渡請求の制度が導入されたが、本件との関連性は無いため説明は省略する。）。

具体的には、①対象会社の経営陣と投資ファンド等が出資した特別目的会社が対象会社の発行済株式全部を対象として公開買付けを行い、株式を取得する（具体的には以下の定款変更に必要な３分の２以上の株式取得を目指す。）。→②普通株式以外に種類株式を発行できるよう定款変更のための特別決議→③普通株式に全部取得条項を付ける定款変更の特別決議→④スクイーズアウトという手順をたどって行われることが多い。

これは上場会社が非上場化する場合などによく用いられる手法である。

３．ＭＢＯのメリット

このＭＢＯには以下のメリットがあると指摘される。

まず、①不特定多数の株主による極端に短期的な利益追求へのプレッシャーから解放される。すなわち会社の所有者を全国津々浦々に点在する不特定多数の株主から特定少数の株主にすることにより、会社にとって一次的には減益をもたらすことでも長期的には当該会社にプラスになる施策（例えば非正規雇用従業員を正規雇用に転換する等）に取り組めるとされている。また、②「所有と経営が一致」することによる従業員の士気向上があるとされている。さらには、③上場コストの削減、及び④迅速な経営判断が可能になることなどがメリットとして挙げられている。

４．ＭＢＯのデメリット～構造上の問題点～

ＭＢＯは、上記メリットばかりかというとそうではない。むしろ以下の二つの構造上の問題点が存在するといわれている。

（１）利益相反的な構造

取締役は、本来は企業活動の向上を通じて総株主の利益を代表するべき地位にある。ところが、ＭＢＯにおいては自ら対象会社の株式を取得することにより、株式を廉価で取得したいという地位につくことになる。

このように、ＭＢＯにおいては、取締役は株式の購入者（廉価購入を望む）であると同時に株式の売却社（株主）を代表すべき地位（必然的に株式の高価売却を志向することになる。）を同時に兼ねることになる。ここに、必然的に利益相反的構造が生じる。

（２）情報の非対称性

取締役は、会社経営に関する正確かつ豊富な情報を有することからＭＢＯの場合、株式の買付者である取締役と売却者である株主との間に大きな情報の非対称性も存することになる。このことから、株主の側から価格の妥当性などをめぐって懸念が指摘されることになる。例えば、会社にとって悲観的な利益計画の公表を行い、市場株価がそれに反応して低下したのにあわせてＭＢＯを発表する場合などは、株主としては取締役が意図的に当該会社の市場株価を下げようとしているのではないかという疑義を抱くことになる。（なお、買付価格に株主から疑義が出された例としてレックスホールディングス株式取得価格決定事件などがある（東京高裁平成２０年９月１２日決定（金融・商事判例１３０１号２８頁））。）。ＭＢＯが「究極のインサイダー取引」と呼ばれる理由もこの点にある。

この他にも会社が特定・少数の株主で占められることによるガバナンスの弛緩やそもそも全部取得条項付種類株式は株主の締出しのための制度ではないといった批判も存在する。

５．デメリット払拭のための実務上の対応

上記の構造上の問題点を払拭するために、ＭＯＢを実施する際には以下の点に留意するべきであるとされている（平成１９年９月４日付経済産業省「企業価値の向上及び公正な手続確保のための経営者による企業買収（ＭＢＯ）に関する指針」参照（以下、この指針を指して「経産省指針」という。なお、この指針はその後改定されているが、本稿においては訴訟との関連から平成１９年９月４日の指針のみに言及するものとする。）））。

まず、株主に対する充実した情報の開示を行うべきであるとされている。とりわけ業績の下方修正後にＭＢＯを実施する場合などには株主への丁寧な説明が必要であるとされている。

また、意思決定のプロセスにおける恣意性を排除するべきであるとされており、具体的には（ｉ）社外取締役や独立した第三者委員会等に対する意見の諮問及びその結果出された意見の尊重、（ⅱ）取締役及び監査役全員の承認（「特別利害関係」を有する取締役については取締役会から除外すること（会社法第３６９条第２項）。）、（ⅲ）意思決定方法に関する弁護士・アドバイザー等による独立したアドバイスの取得、及び（ⅳ）価格決定に際して独立した第三者委員会からの算定書の取得などを行うべきであるとされている。

Ⅲ　ＭＢＯをめぐり取締役の善管注意義務違反が争われた裁判例【参考裁判例】

ＭＢＯをめぐっては、主として価格の妥当性というかたちで株主から会社に対

して取得価格決定申立の手続で争われることがほとんどであった（例えば、上記レックスホールディングス事件、サンスター事件（大阪高裁平成２１年９月１日決定（判例タイムズ１３１６号２１９頁））、サイバードホールディングス事件（東京地裁平成２１年９月１８日決定（金融・商事判例１３２９号４５頁）、カネボウ事件（東京高裁平成２２年５月２４日決定（金融・商事判例１３４５号１２頁））。

しかし、過去には取締役の対第三者責任の追及というかたちで争われたこともある。以下では、取締役の対第三者責任が問題となったレックスホールディングス事件を取り上げる。

１．レックスホールディングスＭＢＯ損害賠償請求訴訟（東京地裁平成２３年２月１８日判決）（金融・商事判例１３６３号４８頁）

取締役が会社に対して善管注意義務、忠実義務を負っていることを前提にして、「株式会社の取締役は、上記義務の一環として、株主共同の利益に配慮する義務を負っているものというべきである。」そして、上述したＭＢＯの弊害を指摘したうえで、「株式会社の取締役が、このような状況の下で、自己の利益のみを図り、株主共同の利益を損なうようなＭＢＯを実施した場合には、上記の株主共同の利益に配慮する義務に違反し、ひいては善管注意義務又は忠実義務に違反することになるものと考えられる。」「ＭＢＯが、取締役の株主の共同利益に配慮する義務に違反するかどうかは、当該ＭＢＯが企業価値の向上を目的とするものであったこと及びその当時の法令等に違反するものではないことはもとより、当該ＭＢＯの交渉における当該取締役の果たした役割の程度、利益相反関係の有無又はその程度、その利益相反関係を回避あるいは解消するためにどのような措置がとられているかなどを総合して判断するのが相当である。」と判示した（もっとも、結論としては利益相反を解消するための措置は一応とられていたとして取締役の善管注意義務・忠実義務違反を否定した。）。

２．レックスホールディングスＭＢＯ損害賠償請求訴訟控訴審判決（東京高裁平成２５年４月１７日判決）（金融・商事判例１４２０号２０頁）

上記１．判決の控訴審であるが、この判決ではＭＢＯに際して取締役には公正な企業価値の移転を諮らなければならない義務（公正価値移転義務）があるほか、株主が株式公開買付に応じるか否かの意思決定を行ううえで適切な情報開示義務があると判示されている。

Ⅳ　本件の事案の概要について

１．当事者

原告Ｘは、Ａ社の株主である。

Ａ社昭和５０年に設立される。その後商号を「株式会社Ａ社」に変更する。

被告となったＹ１は、創業家一族であり、後述する被告Ｙ２の子である。平成１９年６月２７日にＡ社の取締役及び代表執行役に就任した。その後、平成２０年１２月２日に代表執行役を解任され、同月３１日に取締役を辞任する。被告Ｙ２も創業家一族であり、Ｙ１の母親である。平成１９年６月２７日にＡ社の取締役に就任し、平成２０年１２月３１日に取締役を辞任する。

被告Ｙ３、Ｙ４、及びＹ５は、いずれもＡ社の社外取締役らである。Ｙ３、Ｙ４、及びＹ５は、いずれも平成１９年６月２７日に社外取締役及び監査委員に就任し、平成２０年６月２５日に重任された（以下、Ｙ３からＹ５を指して「被告社外取締役ら」という。）。

２．Ａ社におけるＭＢＯ実施計画

Ａ社では、本業の売上低迷等の理由から、その打開策としてＭＢＯが計画されていた。そして、創業家一族及び創業家一族のアドバイザー、及び投資ファンドの傘下企業との間でＭＢＯが計画された。

その結果、Ｂ社及びＣ社を買付者（以下、この両社をあわせて「本件公開買付者」という。）とする公開買付が計画され、これらの公開買付者がＡ社の自己株式を除く全株式を取得する方法が企画される。

３．Ａ社における公開買付に向けた準備

Ａ社は公開買付に向けて株式会社Ｋ（以下、「Ｋ」という。）に対してＡ社の株式価値の算定を依頼する。これに対して本件公開買付者も他の専門業者であるＥ株式会社（以下、「Ｅ」という。）に株価の算定を依頼する。

Ａ社は平成２０年４月１５日付で中期利益計画を作成し、取締役会の承認を得たが、上記株式価値算定の資料として同年７月２２日付利益計画を承認する。

この７月２２日付利益計画を基礎資料としてＥはＡ社の株式価値を算定したところ、Ａ社の株価について、ＤＣＦ方式で６４６円～９０８円、市場株価法で４９８円～６００円、類似会社比準法で５９９円～８５５円と算定してその算定結果をＡ社に対して提示する。

一方Ａ社は上記７月２２日付利益計画を基礎資料としてＫに対して株価算定

を依頼する。Ｋは同月３０日に株価算定のドラフトをＡ社に対して開示する。これによると、Ａ社の株価はＤＣＦ方式で１１０４円～１３００円、市場株価法で５２８円～５４４円、類似会社比準法で８９７円～１１２９円とされた。

このように両者の株価算定値は両者がとくに重視したＤＣＦ法において全く重なり合いが見られない結果となった。

４．Ｙ１によるメールの送信行為

Ｙ１は遅くとも平成２０年８月３日までにはＡ社においては本件公開買付価格について１株あたり金７００円を予定していることを認識していたが、そのころから同年９月９日ころにかけて、Ｋの７月３０日付算定結果について本件ＭＢＯの担当執行役に対してメールを送信する。またそのメールの内容はＹ２にも同時に送信される。

具体的には、

①買付者側の想定している７００円での買付価格に近い価格で公開買付を行うのが最善の策であるとしてＫの株価算定結果を修正してＥの算定結果に近づけるべきであること。

②担当執行役から被告社外取締役らに対して、被告社外取締役らが低い価格で賛同意見を表明した場合のリスクを過剰に説明しないこと。

③株価算定にあたってＤＣＦ法を用いないこと。

④類似会社比準法に特定の会社を入れること。

⑤被告社外取締役らのミーティングに創業家一族のアドバイザーを同席させることを認めること。

等の内容のメールを送った。

５．同年８月３１日付及び同年９月１３日付利益計画の承認

Ａ社では、上記ＫとＥの株価算定額の齟齬を受けて、平成２０年７月２２日付利益計画を見直した利益計画を複数作成して同年８月中旬にＫに提示して改めて株価算定を依頼したがそれでもＫから提示された価格は、ＤＣＦ法による算定で金９０２円までしか下がらなかった。

その後、被告社外取締役らが中心となって７月２２日付利益計画の見直し作業が進められ、同年８月２９日に本件ＭＢＯのプロジェクトメンバーらに対するヒアリング作業が進められた。その場には創業家一族のアドバイザーも同席した。

その後、Ａ社において同年８月３１日付及び同年９月１３日付の各事業計画が作成される。Ａ社の取締役会はこれらの利益計画をいずれも承認する。

６．法律事務所からの法律意見書（ドラフト）

同年９月５日、法律事務所が法律意見書のドラフトを提示する。そこには上記の利益計画修正について、この時期に利益計画を修正する合理的理由は見出しがたいことから、取締役らが善管注意義務違反に問われかねないことが記載されていた。

その内容を確認した被告社外取締役らはその正本の受領を拒否する。

７．公開買付価格の決定

平成２０年９月１８日に１株につき８００円とする合意が成立する。

同月１９日、A社の普通株式について１株を８００円とする公開買付を行うことが発表され、同日A社もこれに賛同の意を表明する。

８．A社における公開買付の頓挫

平成２０年１０月１６日以降、A社において本件公開買付の算定手続に違法又は不公正な点があった旨の内部通報があったことを受けて、A社の取締役会はこの点について検証するために第三者委員会の設置を決定する。

平成２０年１０月３１日、第三者委員会は本件公開買付価格の決定に至るまでの経緯等に利益相反行為があったと断定することは出来ないが、利益相反行為があったという合理的疑念を払拭することもできない旨の調査結果を公表する。

平成２０年１１月７日、A社は本件賛同意見表明をいったん撤回することを公表し、同年１２月２日に取締役会が本件公開買付に賛同できない旨を表示する。

同月１７日本件公開買付者が公開買付を行わないことを表明し、公開買付が頓挫する。

V　訴訟の進行状況

１．提訴

平成２１年７月２９日にXがA社に宛てた内容証明郵便でＹ１からＹ５らの責任追及の訴えを提起するよう求めた。

これに対して同年９月２８日、A社から「不提訴理由通知書」において上記Ｙ１らを提訴しない旨の回答がなされた。

そのため、Xは同年１０月３０日に神戸地方裁判所にＹ１からＹ５らの責任追及をもとめて提訴した。この訴訟は神戸地方裁判所第５民事部合議係に係属した。

２．文書提出命令

上記提訴の後、訴訟では弁論準備手続において争点整理が行われた。

訴訟が大きく動くきっかけになったのが、平成２４年５月８日に出された文書提出命令（金融・商事判例１３９５号４０頁）である。同決定では、「ＭＢＯは、株式会社の経営陣等が株式を買い取って株式会社の経営権を把握する手法であり、売る側（株主）と買付側（経営陣等）とは、本質的に利益相反の関係にある上、情報格差も大きいことが一般的である。そのため、ＭＢＯにあっては、手続過程の透明性、合理性を確保する必要があるとされている（「経産省の企業価値研究協会のＭＢＯ報告による指針」）。そうすると、その手続過程の透明性を確保するためには、将来、当該ＭＢＯが適正にされたか否かの検証を行うことができる態勢が必要であり、当該ＭＢＯの手続過程における意見を含めた資料等が将来の検証の資料とされることが求められる。もっとも、その結果として、当該ＭＢＯの手続過程における意見が開示され、自由な意見交換や意見表明等に心理的な制約が生ずることとなるが、このような制約は、ＭＢＯの上記特質に照らして一定程度受忍されなければならないというべきである。」（註：傍線箇所は著者が付記する。）として原告側が提出を求めた文書（公開買付価格決定に至る文書）のうち、内部通報に関する文書を除いてほとんどの文書を提出するよう命じる。この決定はその後大阪高等裁判所、及び最高裁判所においても維持され、確定した。

その結果、原告が求めた文書のうちほとんどの文書がＡ社から提出されることになった。

３．第一審判決

訴訟は、平成２６年１０月１６日に第一審判決が出され、Ｙ１及びＹ２に対して１億９７０６万９４２１円及び平成２１年１２月１日から支払い済みまで年５分の割合による金員の支払いを命じた。これに対して被告社外取締役らに対する請求は棄却された。この判決に対してＹ１及びＹ２が控訴し、被告社外取締役らの責任が認められなかったことを不服としたＸも控訴した。

４．第二審判決

大阪高等裁判所は、平成２７年１０月２９日の控訴審判決において、Ｙ１及びＹ２に対する損害賠償額を１億２００６万９４２１円及に減縮し、被告社外取締役らに対する請求は棄却した。この判決はＹ１及びＹ２に対する関係では確定した。これに対して、Ｘは被告社外取締役らに対する関係で上告した。

５．判決の確定

平成２８年１１月９日に最高裁判所が原告の上記の上告受理申立てを受理しないとするにより控訴審判決が確定した。

Ⅵ　訴訟の争点と当事者の主張

１．本訴訟の特徴と争点

本件は株主代表訴訟という訴訟形態で取締役の責任が争われたことが特徴である。そのため、取締役が株主に対して負っている義務内容と会社に対して負っている義務内容が異なるのか否かについても問題となった。

また、ＭＢＯが最終的に頓挫した点においてＭＯＢにおいて取締役の善管注意義務違反が問題となったレックスホールディングス事件等の事案と異なっている。

本訴訟における最大の争点は、ＭＢＯに際して取締役が負っている注意義務の内容である。本件において最終的に決定された公開買付価格が１株につき８００円である。これに対して、公開買付の発表の以前ではＡ社の市場株価が１株につき５００円前後で推移してきた。そのため、市場価格と比較すれば、価格それ自体は一見すれば株主保護にとって十分であるかのように思われた。後述するとおり、被告らはこの点を強調して、本件ＭＢＯでは買付価格が妥当であったことから、株主の保護としては十分であると主張したのである。本件が他の事案と比較して際立っていたのがＭＢＯのプロセスにおいて買付者側取締役（とりわけＹ１）が会社の株価を下げる方向で介入したことである。そのため、取締役が「ＭＢＯのプロセスに不当に介入しない義務」が存在するのか否かが最大の争点となった。

この点は従前必ずしも十分に議論されてこなかった点である。上記レックスホールディングス事件の損害賠償請求事件においても、第一審判決が「ＭＢＯが、取締役の株主の共同利益に配慮する義務に違反するかどうかは、当該ＭＢＯが企業価値の向上を目的とするものであったこと及びその当時の法令等に違反するものではないことはもとより、当該ＭＢＯの交渉における当該取締役の果たした役割の程度、利益相反関係の有無又はその程度、その利益相反関係を回避あるいは解消するためにどのような措置がとられているかなどを総合して判断するのが相当である。」として、公開買付価格決定プロセスに着目するかの如き判示を行った一方で、控訴審判決においては取締役が負うべき義務が「公正な企業価値の移転を諮らなければならない義務（公正価値移転義務）」として価格の移転義務が重要であるとされている。

そのため、判例がＭＢＯの買付価格それ自体を重視しているのか決定プロセスも重視しているのかについて十分な結論が示されてこなかった。本訴訟はこの点を真正面から取り扱った点において他の事案と異なっている。

２．原告の主張

原告としては、ＭＢＯに際しては価格の妥当性もさることながらプロセスも重要であり、取締役としてはＭＢＯのプロセスに不当に介入しない義務を負っていると主張した。

その根拠としては、（ｉ）経産省のＭＢＯ指針にもプロセスの重要性が記載されている。経産省の指針が直ちに法的拘束力を持つものではないとしても、当該指針が出された当時この指針に反対する有力な学説等は見当たらず、当該指針はＭＢＯを行うに際して遵守するべき指針であると広く認知されていたこと。（ⅱ）上記レックスＨＤの東京地裁判決においても「当該ＭＢＯの交渉における当該取締役の果たした役割の程度、利益相反関係の有無又はその程度、その利益相反関係を回避あるいは解消するためにどのような措置がとられているかなどを総合して判断するのが相当」と判示されており、ＭＢＯのプロセスに着目していること、などを根拠にしてＭＢＯにおいて取締役は、株式価格を引き下げる方向での価格決定のプロセスに不当に介入し、社外役員や算定機関の意思形成に合理的な範囲を超えて介入してはならないとの義務があると主張した。

そのうえで、Ｙ１による上記メール送信行為はＡ社の株価を引き下げる方向のみを志向しており株式価格決定に不当に介入しているとしてＹ１らの善管注意義務違反を主張した。

３．被告らの主張

上記に対して、被告ら（とりわけＹ１及びＹ２）は、（ｉ）原告の主張する「価格決定のプロセスに不当に介入しない義務」などというのは法的義務としては内容も不明確であり認められない、（ⅱ）原告の引用する経産省の指針はＭＢＯに際してのベストプラクティスを記載したものであり直ちに取締役の善管注意義務の内容を構成するものではない、（ⅲ）ＭＢＯにおいては価格が妥当でさえあれば株式を失う株主の保護としては十分である、（ⅳ）上記レックスＨＤの東京高裁判決においても取締役は「公正価値移転義務」を負うとされたに過ぎず、「価格プロセスに介入しない義務」などという義務を負うとされていないなどと主張した。

すなわち、ＭＢＯにおいては価格が妥当であれば株主の保護としては十分であり、価格決定プロセスはさほど重要ではないというのが被告らの主張である。

そのうえで、Ｙ１によるメール送信行為は、当時の市場株価（金５００円前後）から乖離していたＫの算定結果を是正するために行われたものであり正当であると主張した。

４．損害及び因果関係の存否

その他、本訴訟においては損害及び因果関係も争点となった。

原告は、被告らの善管注意義務違反行為によりＡ社が本件ＭＢＯに費やした金額が全て無駄になったとして、被告らの善管注意義務違反行為と相当因果関係のある損害は、（ⅰ）Ｋに対する株価算定委託費用等のＹ１による不当な関与が公表される前に支出した費用、（ⅱ）公開買付公表後に発生した費用、及び（ⅲ）信用毀損により被った費用であると主張した。

これに対して被告らは、上記（ⅰ）は本件ＭＢＯの成否とは無関係に支出するものであるから被告らの行為との間に相当因果関係はないと主張して原告の主張を争った。また、上記（ⅱ）についても違法行為の有無とは別に内部通報がなされたことを受けて法令遵守の観点から支出するものであるから相当因果関係はない、上記（ⅲ）については、Ｙ１らの行為が公表された後もＡ社の株価が低下したとの事情は無く、信用低下は存在しないとして原告の主張を争った。

Ⅶ　第１審判決（神戸地方裁判所平成２６年１０月１６日）

１．ＭＢＯに際しての取締役の注意義務の内容

「取締役は、会社に対し、善良な管理者としての注意をもって職務を執行する義務を負っており（会社法３３０条、民法６４４条）、かかる善管注意義務に違反する業務執行行為により会社に損害を生じさせた場合にはこれを賠償する責任を負う。ＭＢＯの実施場面においても、この責任法理は当然に妥当するところ、ＭＢＯは、企業価値の維持・向上、ひいては会社の存亡にかかわる重大な会社経営上の問題である上、その実施に当たっては巨額の出費を伴うのが通常であることなどにかんがみると、取締役は、その実施に当たって、上記善管注意義務の一環として、「企業価値の向上に資する内容のＭＢＯを立案、計画した上、その実現（完遂）に向け、尽力すべき義務」（以下「ＭＢＯ完遂尽力義務」という。）を負っているものと解される。

このような観点からいうと、取締役は、上記善管注意義務（ＭＢＯ完遂尽力義務）に由来するものとして「自己又は第三者の利益を図るため、その職務上の地位を利用してＭＢＯを計画、実行したり、あるいは著しく合理性に欠けるＭＢＯ

を実行しないとの義務」を負っていることはもとより（以下「ＭＢＯの合理性確保義務」という。）、これに加え、当該ＭＢＯの実現（完遂）に向け、以下のような内容の善管注意義務を負うものというべきである。

すなわち本件のような、会社の非公開化を目的とするＭＢＯは、一般に、自ら又は金融投資家である投資ファンドなどとともに、自らが取締役を務める会社の株式を公開買付けを通じて取得し、公開買付けに応募しない株主を閉め出すことにより対象会社を非上場化する取引である。したがって、本来は企業価値の向上を通じて株主の利益を代表すべき取締役が、対象会社の株式を取得する買付者側に立つこととなり、その結果、できる限り低い対価で株式を取得したいと考える買い手（経営者及び投資家）とできる限り高い価格での買い取りを求める売り手（既存株主）との間には、必然的に利益相反関係が生じ得るだけでなく、これに情報の非対称性という構造的な問題も加わる。

そのためＭＢＯの実施にあたっては、公開買付価格それ自体はもとより、その決定プロセスにおいても公正さの確保に十分な配慮を払うことが求められるのであって、ひと度かかる決定手続の公正さに大きな疑義が生じたならば、たちどころに一般株主の信頼を失い、ＭＢＯの遂行が著しく困難なものとなり頓挫することは、十分に予測されるところであって、このことは結果として価格自体の公正さが維持されるか否かに関わらない。

そうだとすると取締役は、企業価値の向上に資する内容のＭＢＯを計画、実現（完遂）するための上記努力義務（善管注意義務）の一環として、「公開買付価格それ自体の公正さ」はもとより、「その決定プロセスにおいても、利益相反的な地位を利用して情報量等を操作し、不当な利益を享受しているのではないかとの強い疑念を株主に抱かせぬよう、その価格決定手続の公正さの確保に配慮すべき」義務（以下「ＭＢＯの手続的公正さの確保に対する配慮義務」ないしは「手続的公正性配慮義務」という。）を負っているものと解するのが相当である。」（註：傍線箇所は筆者が付記する。）

２．被告らの責任について

「被告Ｙ１は、社外取締役を中心に本件公開買付価格の決定プロセスを進めることはおよそ念頭になく、本件ＭＢＯを頓挫させないためには、自らの主導の下、本件公開買付価格につき『７００円ありき』を前提に、各利益計画の数値やＶ１による株価算定方法を操作することにより、株価算定結果を本件公開買付者ら側の想定価格に近づけるよりほかないものとして、同年８月３日から同年９月９日までの間、本件ＭＢＯの担当執行役に対し、多数のメールを送信した上（中略）あからさまに公開買付価格の形成に影響を及ぼそうとしたものである。そうしてみるとかかる被告Ｙ１の対応は、株主に対し、本件公開買付価格の決定プロセスにおいて、その利益相反的な地位を利用して情報等を操作して、不当な利益を享受しているのではないかとの重大な疑念を生じさせるに余りあるものであって、本件公開買付価格の決定手続の公正さを大きく害するものであったといわざるを得ない。以上によれば、被告Ｙ１の上記対応とりわけ担当執行役に対するメール送信指示行為は、上記「ＭＢＯの手続的公正さの確保に対する配慮義務」（手続公正性配慮義務）に違反するものというべきである。」

としてＹ１の責任を肯定する。Ｙ２に対する責任についてもＹ１のメール送信行為を知りながら何らの措置も講じなかったとして善管注意義務違反を認定した。

その一方において、被告社外取締役らの責任について「被告Ｙ５らは、Ａの取締役である以上、「本件公開買付価格の前提となる株価決定それ自体の公正さに配慮する」義務（「株価決定の公正さ配慮義務」という。）があるほか、上記手続的公正性配慮義務の一環として、「株主からみて、本件公開買付価格の決定手続の公正さに強い疑念が生じないよう、その公正さの確保に配慮して行動すべき」義務（手続的公正性配慮義務）があることに加え、Ａの社外取締役として、代表取締役等の業務執行一般を監視し、取締役会を通じて業務執行が適正に行われるようにする任務も負っていたものと解される。そうすると、被告Ｙ５らは、被告Ｙ１らが上記手続的公正性配慮義務を尽くさず、あるいはこれにもとる行動等に出ることがないよう、取締役会を通じて、これを監視すべき義務も負っていたものというべきである（以下、後者の義務を「手続的公正性監視義務」という。）。」としたが、Ｙ１によるメール送信行為の存在を覚知してそれを止めさせるために然るべき措置を講じることは不可能であったとして「手続的公正性監視義務違反」があるとは認められないとした。

また、「取締役は、善管注意義務（ＭＢＯ完遂尽力義務）の一環として、「株式公開買付けに関して一般に対してＭＢＯの対象会社として提出する意見表明を公表するに当たって、株主が株式公開買付けに応じるか否かの意思決定を行う上で適切な情報を開示すべき」義務を負っているものと解するのが相当であり、例えば、賛同意見表明報告を公表するプレス・リリースにおいて、株主の判断のために、①重要な事項について虚偽の事実を公表したり、あるいは②公表すべき重要な事項ないしは誤解を生じさせないために必要な重要な事実の公表を怠った場合には上記善管注意義務違反の問題が生じる。」として取締役の情報開示義務の存在を認めたうえで、「被告らが９月１９日付賛同意見表明のプレスリリース中に「なお、当社取締役会は、平成２０年６月より、本取引に法的論点に関する説明を弁護士法人Ｗ１法律事務所から受けております。」との付記記載をしたことは、取締役の会社法上の義務としての善管注意義務（情報開示義務）に違反するものというべきである。」として、被告社外取締役らの情報開示義務違反は認めたものの、損害との因果関係は否定した。

３．損害・因果関係について

「被告Ｙ１らが上記のような手続的公正性配慮義務に違反しなければ、１２月２日付不賛同表明には至らず，本件公開買付けは成立していた蓋然性は高かったものということができる。そうだとすると本件ＭＢＯ関連費用のうち『本件ＭＢＯの頓挫に至る過程において，それに関連して支出を余儀なくされた費用であるとの評価が成り立つもの』については，その限度で，被告Ｙ１らの手続的公正性配慮義務違反との間に相当因果関係の存在を肯認することができるものと解される。」

Ⅷ　控訴審判決（大阪高裁平成２７年１０月２９日）

１．ＭＢＯに際して取締役が負う義務の内容

「取締役は、委任者である会社に対し、善管注意義務を負っているところ、会社の営利企業たる性格に応じて、かかる義務は株主の利益最大化を図る義務に引き直され、かかる義務に違反する行為により会社に損害を生じさせた場合にはこれを賠償する責任を負う。（なお、この点、第一審原告は、株主の利益最大化を図る義務というところから、公開買付価格を可能な限り高くすることが取締役の義務であるかのように主張するが、ここでいう利益最大化とは会社の業績向上、損失回避等を通じて将来に向かって企業価値の最大化を図る義務のことをいうのであって、（プレミアムも含めた）株式の適正な現在価値を超えて株式の買付価格を吊り上げることまで要求するものではない。）」

「もっとも、取締役の義務は、株主との関係では、最終的には一般株主に対する公正な企業価値を移転することに尽きるから、企業価値の移転に係る公正な手続として想定される手続の一部が欠け、あるいは一部の手続に瑕疵があったとしても、最終的に公正な企業価値の移転がされていると認められれば、全体としては公正な手続が執られたと評価すべき場合はあろうし、仮に個々の行為に善管注意義務違反が認められたとしても、損害の発生がないことになり、損害賠償義務は発生しない。しかし、会社との関係を考えると、取締役が企業価値の移転について公正を害する行為を行えば、公開買付け、ひいてはＭＢＯ全体の公正に対する信頼を損なうことにより、会社は本来なら不要な出費を余儀なくされることは十分に考えられるから、取締役は、そのことによって会社が被った損害を賠償す

べき義務を負うべきものと解される。このように、公開買付けあるいはＭＢＯにおいて、企業（株式）価値の移転について取締役が負う公正性に関する義務は、会社に対する関係と株主に対する関係では異なる点があることに留意すべきである。」

２．被告らの責任について

「一審被告Ｙ１は、買付者側の想定価格である７００円に近づけるため、根拠のない、あるいは根拠の薄弱な利益計画による数字合わせを図り、算定手法の選択や類似業者の選定に係るＫの算定方法に不当に介入してその独立性をも脅かしたものと認められる。以上のようなＫに対する株式価値の算定に対する介入が、許される限度を超え、ＭＢＯにおける取締役としての善管注意義務に違反するものであることは明らかである。」としてＹ１及びＹ２の善管注意義務違反を認定した。

なお、被告社外取締役らの責任については第一審判決と同様に否定した。

３．損害及び因果関係

「Ｄ銀行による融資中止が、実際にはどのような理由でされたのかは明らかではなく、第三者委員会による調査結果やＡ社の取締役会における賛同意見の撤回を考慮したものである可能性があることは否定できないが、前記認定のように、この頃、リーマン・ショックによる金融危機が発生し、（中略）このような大規模な金融危機が、上記融資中止に重大な影響を与えた蓋然性は高い。このような金融情勢の中でされた上記の融資中止が、一審被告Ｙ１の利益相反行為を原因とするものであると認めることは困難というべきである。」

「Ｄ銀行が本件公開買付けに係る決済資金の融資を中止したことにより本件公開買付けの実施に重大な障害が生じ、これを主要な要因として本件ＭＢＯが頓挫に至った蓋然性は高く、かつ、Ｄ銀行による融資中止と一審被告Ｙ１の善管注意義務違反との関連を認めるに足りるまでの証拠はないのであるから、一審被告Ｙ１の善管注意義務違反と本件ＭＢＯの頓挫との間の因果関係を認めることはできないといわざるを得ない。したがって、本件ＭＢＯの実施のために通常必要な費用が、その頓挫によって無駄な出費となったとしても、これを一審被告らの善管注意義務違反によってＡ社が被った損害ということはできない。一審被告らが賠償の責めに任ずるのは、本件利益相反行為によって、本件ＭＢＯの公正が疑われたことにより、Ａ社がその検証、調査等のために支出を余儀なくされた費用に限られるというべきである。」として損害の範囲を原審よりも限定した。

Ⅸ　検討

１．ＭＢＯにおける取締役の注意義務

（１）第一審判決

ＭＢＯにおいて取締役がいかなる注意義務を負うかについて、第一審判決はまず「ＭＢＯの完遂尽力義務」という義務を定立した。そしてこの「ＭＢＯ完遂尽力義務」に基づいて、ＭＢＯの実施にあたっては、その決定プロセスにおいても公正さの確保に十分な配慮を払うことが求められるのであって、ひと度かかる決定手続の公正さに大きな疑義が生じたならば、たちどころに一般株主の信頼を失い、ＭＢＯの遂行が著しく困難なものとなり頓挫することは、十分に予測されることを理由に、取締役はＭＢＯを完遂するために決定プロセスの公正さにも留意するべきであると判示した。

第一審判決の述べる「ＭＢＯ完遂尽力義務」については、その義務内容等判然としないところもある。もっとも、これはＭＢＯに限らず会社の組織再編においては多大な費用を要することになるため、その費用を無意味に費消することのないように取締役に注意を促したというにとどまるとも読むことができる。そうすると、この「ＭＢＯ完遂尽力義務」というのは、単に善管注意義務をＭＢＯの場面に応じて言い換えただけという評価も可能である。

その他第一審判決が定立した「手続的公正性監視義務」は、取締役の監視・監督義務を言い換えたにとどまると思われる。また、「情報開示義務」は、上記レックスホールディングス事件の控訴審判決の基準とほぼ同じである。

（２）第二審判決

第二審判決は、ＭＢＯにおいて取締役が負う義務は会社に対するものと株主に対するものとで異なるとの判断を示した。

そして、株主に対する関係においては適切な企業価値を移転していれば株主保護として十分であるか仮に何らかの善管注意義務違反が認められても損害が発生していないと述べる。

しかしその一方で会社との関係においては、ＭＢＯのプロセスに不公正な関与があった場合には、ＭＢＯ全体の公正に対する信頼を損なうことにより、会社は本来なら不要な出費を余儀なくされることは十分に考えられるとして善管注意義務違反による損害賠償を負うと判断した。

このように、第二審判決はＭＢＯにおいて取締役が負うべき義務を会社に対する義務と株主に対する関係で負う義務とで区別して考えている。

２．本判決の意義（第一審・二審判決を通じて）

本件は、公刊されているなかではＭＢＯをめぐって取締役の善管注意義務違反による損害賠償が認められた初の裁判例である。第一審判決、第二審判決を通じて、ＭＢＯに際して取締役が講じるべき義務の内容が判示された。

とりわけ「ＭＢＯに際しては公開買付価格が妥当であれば株主保護としては十分である。」との被告らの主張が排斥された点には大きな意義がある。

本件は、上記経産省指針が発表されてから約１年ほどが経過したときに行われた案件である。そして、上述したとおり経産省指針においては、ＭＢＯのプロセスにおける取締役の恣意性の排除を求めている。確かに上記経産省指針は直ちに法的規範性を有するものではないものの、本件当時においても上記経産省指針はＭＢＯにおいて会社が遵守するべき事項であるとの認識が広く普及していた一方でこれに反対する有力な学説は存在しなかった。そのため、経産省指針に則った行動を取締役に求めても取締役に不可能を強いることにはならない。

ＭＢＯにおいては、公開買付価格の妥当性はもちろんのこと、公開買付価格決定に至るプロセスも重要であるとの原告の主張が受け容れられたことは、大きな意義を有するといえる。

３．本判決に至った要因

本判決に至った要因としては、文書提出命令申立てが認められ、広範囲にわたる文書が提出されたことが一番大きな要因であると思われる。

上記神戸地方裁判所平成２４年５月８日決定は、原告が提出を求めた文書について、文書提出命令の除外事由である「自己利用文書」性を認めつつも、すでにＭＢＯが頓挫してから３年以上が経過し、Ａ社において同種のＭＢＯが計画されているといった事情が存在しないことなどを理由に「開示により相手方に看過し難い不利益が生じるおそれがないとする特段の事由」を認めた。

株主代表訴訟における証拠の偏在性や文書提出命令申立ての重要性を改めて認識することになった。今後、株主代表訴訟をはじめとする証拠偏在型訴訟においては、自己利用文書等文書提出命令の除外事由に該当する場合であっても「特段の事由」の存在を広く解することによって文書提出を命じる事例が続くことが期待される。

また原告代理人においても、臆せずに文書提出命令を申し立てることが重要となってくる。

４．残された問題点

本件では、社外取締役の責任を否定しているのは大きな問題点である。

とりわけ社外取締役が創業家のアドバイザーの影響を受け、Ｙ１、Ｙ２らの関与を受け入れていた点についての検討が不十分といわざるを得ない点が課題として残ったといえる。

以　上

<参考文献>

１．水野信次・西本強著「ゴーイング・プライベート（非公開化）のすべて」（商事法務）
２．井口武雄・落合誠一監修、日本取締役協会編著「経営判断ケースブック　取締役のグッドガバナンスの実践」（商事法務）
３．内藤良祐著「スクイーズアウトと株価決定の実務」（新日本法規）
４．今川嘉文「ＭＢＯの実施と取締役の注意義務」（今中利昭先生傘寿記念「会社法・倒産法の現代的展開」（民事法研究会））
５．泉田栄一「ＭＢＯと役員等の義務と責任」（法律論叢８９巻第６号（２０１７．３））
６．伊勢田道仁「ＭＢＯに関して取締役の損害賠償責任が否定された事件」（法と政治６３巻３号（２０１２年１０月））
７．高原達広「経営陣主導での上場会社の非公開化における取締役の行動規範」（商事法務１８０５号１１頁）
８．十市崇「ＭＢＯ（マネジメント・バイアウト）における利益相反性の回避又は軽減措置　ＭＢＯ指針後の実務の状況を踏まえて」（判例タイムズ１２５９号１０７頁）
９．梅津英明「『企業価値の向上及び公正な手続確保のための経営者による企業買収（ＭＢＯ）に関する指針』の概要」（商事法務１８１１号４頁）
１０．石綿学「ＭＢＯに関する指針の意義と実務対応」（商事法務１８１３号４頁）
１１．藤田真樹「ＭＢＯにおける少数派株主保護ー少数派株主が会社から締め出されず株主としてとどまる利益の保護を中心としてー」（九大法学１０１号（２０１０年）２８２）
１２．十市崇「レックス損害賠償請求事件東京地裁判決の検討」（商事法務１９３７号４頁）
１３．飯田秀総「レックス・ホールディングス損害賠償請求事件高裁判決の検討（上）」（商事法務２０２２号４頁）
１４．飯田秀総「レックス・ホールディングス損害賠償請求事件高裁判決の検討（下）」（商事法務２０２３号１７頁）

あとがきに代えて

MBAとまちづくり

―地域課題を解決するきっかけに―

Ⅰ　はじめに

私は、広島県南西部に位置する廿日市市（以下「本市」という。）に奉職する地方公務員である。奉職から20数年経過し、今年で50歳になる。これまでに、ひろしま国体、生涯学習、文化財保存・保護、地域づくり、公民館での各種講座の企画・開催、自然公園や道路などの維持管理、観光振興等の分野に携わってきた。

現職は、本市経営企画部宮島まちづくり企画室に在籍し、宮島地域のまちづくりの企画調整、推進等の業務を担い、関係者と連携しながら地域課題の解決を模索する日々を過ごしている。最近、業務を遂行する中でさまざまな地域課題を前に、これまでの行政経験での対応に限界を感じ、自身の視点の狭さなどを痛感していたところでもあった。

また、令和元(2019)年11月に就任した松本太郎市長（以下「市長」という。）は市職員に対し、常々「経営感覚を持って職務にあたって欲しい」と表された。

この市長の言葉は、私の「もし、自分に経営感覚を得ることができれば、地域課題の解決の視点を広く持つことができるのではないか」「経営を学んでみたい」という想いを後押しし、MBAの門を叩くきっかけとなったのである。

Ⅱ　宮島まちづくり基本構想策定の経緯

1．観光面の現状と課題

「宮島」という名称を読者の皆さんも一度は耳にした経験がある

と思う。広島湾西部に浮かぶ島で宮城県の松島、京都府の天橋立と並び日本三景と称され、平成8(1996)年には、厳島神社と前面の海、そして背後の弥山原始林が世界遺産に登録されている。日本国内でも人気の観光地として有名であり、コロナ禍前の令和元(2019)年には、過去最高の年間465万人を超える観光客を迎えるに至った[1]。

観光客数はインバウンド（外国人観光客）を含めて、順調に増加してきたが、一方で同じ観光地の京都で見られる「オーバーツーリズムになっているのではないか」と心配する声もある。

観光客数の増加に起因する課題を例示すると、比例して増大するゴミ処理問題、ゴミのポイ捨てや私有地への無断立ち入りなどのマナー問題、対岸の宮島口地区を含めた交通混雑、弥山原始林をはじめとする植物の毀損といった自然環境への負荷など多岐に及んでいる。

今後、観光客など来島者を含め、宮島に関係するすべての人が宮島の持つ魅力や価値について理解を深め、これらの課題を解決するための取り組みを進めていきたい。

2．島民生活面の現状と課題

宮島の人口は、昭和22(1947)年の5,197人をピーク[2]に、令和4(2022)年4月1日現在で1,441人にまで減少し、全人口に占める65歳以上人口の比率である高齢化率は約48%[3]であり、本市宮島地域は「過疎地域」として総務省に指定されている。

人口減少と高齢化の影響による課題を例示すると、継承する家族がいなくなることで発生する空き家の増加、若手住民など担い手の減少による地域行事や祭礼など伝統文化の衰退、主力産業である観光業の担い手不足などがあげられる。これらの課題は、宮島に限ったものではなく、全国的に共通するものであるが、今後のまちづくりを考えるにあたって避けて通れない論点と言える。

---

[1] 廿日市市(2020)36頁
[2] 廿日市市(2020)16頁
[3] 廿日市市ホームページ(廿日市市の人口)

3．宮島まちづくり基本構想の策定

本市では、これまで述べてきた現状と課題を踏まえ、宮島の未来の姿やその姿を具現化するための基本方針などを定義し、地域課題の解決に向けた施策展開などを明文化する目的をもって、宮島まちづくり企画室（以下「企画室」という。）を設置し、宮島まちづくり基本構想（以下「基本構想」という。）を策定することとした。

まず、企画室は島民、総代会やコミュニティ推進協議会などの地域団体、観光協会や商工会などの団体の関係者から地域課題の認識について、あらためてアンケートや会合などで意見の集約を図った。集約した地域課題に対する施策を検討するため、本市関係部局との協議を重ね、実施計画部分を含めた基本構想の案をとりまとめた。その後、パブリックコメントや本市議会での説明を経て、令和2(2020)年3月に基本構想を策定したのである。

基本構想の深掘りは紙面の制約上省略するが、宮島地域における目標、理念、方針等を示し、「自然」「文化・歴史」「産業・観光」「生活・教育」「交通」「防災」「福祉・保健・医療」「交流」の8つの視点を施策として展開することとした。

今後、島民、事業者、行政等はそれぞれの役割を認識、連携しながら地域課題の解決に向けた取り組みを進めることにしている。

Ⅲ　地域活動は経営の視点を持って進める

1．費用対効果と優先順位

宮島のまちづくりを進める主役は間違いなく、地域で生活を営む島民や観光産業等に携わる事業者であり、本市行政は地域活動を支える側の位置づけにある。

地域活動を行うには島民、あるいは団体、組織であれば構成員で定期または臨時に会議を開催し、あらかじめ決められたテーマや議題に沿って、地域課題を解決するためのアイデア、手法などを出し合って、結論に向けて合意形成を図る。導いた結論からヒト、モノ、カネを使って、活動を実践しながら、自分たちが住み、生業を営む地域の環境を向上させていくことになる。

一方、地域活動を支える本市でも財政難や職員の減少など取り巻

く環境は厳しさを増しており、地域ニーズを踏まえて優先順位を決め予算措置を行い、限られた資源の範囲内で地域活動を支援するとともに、資源を効果的に投入する「選択と集中」の考え方を採っている。

これらの地域活動の実践に至るプロセスを考えると島民、事業者、行政などそれぞれ立場は違えど、普段から費用対効果を勘案し、優先順位を決める行動をとり、実践に結びつけていることがお分かりいただけるものと思う。

２．地域活動とMBA科目

これまで地域活動が費用対効果と優先順位を決めながら実践されていることを述べてきた。私は、地域活動を実践するプロセスの全体または一部を現在履修しているMBA科目の領域と対比することで理解しやすくなるのではないかと考える。

経営専門職大学院に入学して４か月あまりで一部の科目を履修したに留まるが、簡単に紹介をしていきたい。

まず、「経営戦略」である。

企業や団体には、定款や規約で定めた「目的」がある。その目的を達成するために戦略を練り、日々の活動を行っている。

経営戦略策定のプロセスとして、最初に外部環境分析、内部環境分析を行い、課題を特定していく。その課題に対して、仮説（解決策）を立てて実践し、検証を加えて、仮説が正しければ実践を継続し、誤っていれば別の仮説を立てて実践する。

環境分析には、一般的にＳＷＯＴ分析やＰＥＳＴ分析などのフレームワークが用いられるが、近年、「ＶＵＣＡ[4]」と呼ばれるように、目まぐるしく環境が変化し、将来の予測が困難になっている。

最近、課題の特定や仮説の立案、実践をその時の環境によってその都度考える「仮説検証型」思考が必要だと言われている。

経営戦略は策定プロセスを通じて「何をやるのか、何をやらない

[4] Volatility(変動性)、Uncertainty(不確実性)、Complexity(複雑性)、Ambiguity(曖昧性)の４つの頭文字をとった言葉で、将来の予測困難性などを表す。

のか、なぜやるのか、なぜやらないのか」を説明できるものでなければならない。講義やグループワークの中で課題や演習を繰り返し取り組み、考え方や理論を学習する。

宮島で活動する団体、組織も目的に沿って、同様のプロセスで地域課題に向き合い、地域をよりよい環境に向上させていくため、構成員はアイデアや手法を出し合い、戦略や事業計画を策定し、日々の活動を実践しているところである。

また、本市も基本構想を基礎とし、関係部局では同様のプロセスで検討を重ね、実施すべき事業を効果的に行うこととしている。

戦略や計画は「策定した瞬間から劣化していく」ことから、地域を取り巻く環境の変化に留意しながら、ブラッシュアップを行い、実践との整合性を図る必要性を感じさせられる科目である。

次に「組織経営と人材マネジメント」である。

この科目では、人的資源管理の視点から企業や団体などの組織の目的や経営戦略と整合性を取りながら、組織能力を十分発揮するためにどのような組織を構築すべきか、どのように人材を確保、育成し、持続的競争優位を図るのかなどの理論を学習する。

例えば、職務拡大、職務充実などの組織構造、モチベーション、リーダーシップ、コミットメントなど組織に焦点をあてた項目および雇用、人材育成、人事評価、賃金など人に焦点をあてた項目を領域とする。

知識の定着には、講義テキストの項目ごとの輪読、担当教官から与えられるケーススタディとして、実際の企業の取り組みについて自分なりの考え方をレポートにまとめるなどを行った。

また、グループワークでは受講生が所属する企業、組織の課題や問題意識を共有し、意見交換を進めるなど気づきの多い内容でもある。

宮島で活動する団体、組織は目的や営利・非営利の別はあるものの定款や規約、事業計画に沿って、事業遂行のために必要な組織体制の構築を行っている。つまり、総会、理事会、役員会、部会などの機関を設置、役割分担を明確にし、必要な人員を配置することで組織能力を最大限発揮できる体制をとっている。

また、確保した人材を相応な形で遇し、育成、評価するなど組織への定着、競争優位の源泉として位置づけて、日々の地域活動に活かしている。

私も組織体制や人材活用などの視点から、行政組織を意識的に俯瞰してみることができそうである。

続いて「多様な価値とファシリテーション」である。

この科目では、ファシリテーションの理解と基礎的技術の習得や目的、テーマにあったワークショップがデザインできるようになることを主眼とする。

企業や団体でも意思決定やアイデア出し、その他話し合いの場が持たれると思う。ファシリテーターとして話しやすい場づくり、相手の話を聞き相手の話を引き出す姿勢、話し合いの見える化や活性化、合意形成のデザインなど役割を果たすことで話し合いの質を高めることができる。

講義やグループワークでは、ワークショップ（オンラインを含む）やワールドカフェ、あらかじめ設定されたテーマに基づくインタビューなど演習や課題を通じて学習を深めたところである。

宮島での地域活動は多くの島民、事業者等を巻き込んで、話し合いを通じて合意形成を図り、事業を進めていくことになる。

特に、上司・部下の関係ではなく、島民同士の横のつながりで構成されるまちづくり団体、組織のリーダー役や行政職員にはファシリテーションスキルの学習、習得が期待されているところである。

質の高い話しあいが行われ、合意形成が円滑に進められることで、宮島の地域活動がさらなる高みに向かうよう、力を尽くしていきたいと思う。

最後は「企業法務」「組織マネジメントとコンプライアンス」である。

企業法務は、企業の事業活動に関わる法律上の業務の総称とされ、すべての企業の事業活動に法律は密接に関係している。また、コンプライアンスは法令だけではなく、内部規程や企業倫理、社会的規範を含めた広い範囲を遵守する取り組みであり、企業が社会からの信頼に応えることでもある。

企業法務では、契約書の作成など事前に法的リスク審査を行う「予防法務」やトラブルが起こった際の裁判対応などを行う「臨床法務」、企業経営上の重要な意思決定に参加し、企業の意思決定に関わる法律事務を行う「戦略法務」について、理解を深めた（戦略法務は別科目として置かれており、その場でさらに理解を深めることとなる）。

組織マネジメントとコンプライアンスでは、近年、企業が関係する不祥事について、報道やＳＮＳで目にすることがあるが法令違反だけでなく、コンプライアンス違反を取り上げられる事例が多くなっている。組織の構成員一人が起こした不祥事が企業全体の信頼を失墜させ、経営に大きな打撃を与え、企業の命運を左右することも考えられる。企業のトップや経営層に求められる姿勢として、構成員に対するコンプライアンス教育の実施などの意識づけは、ますます重要となっている。

宮島は文化財保護法、自然公園法、都市計画法など多くの法令の制約を受けている地域である。昔から島民や事業者等は法令の制約を受け入れ、遵守してきたところである。文化財群や自然環境を宮島が持つ本来的価値と認め、観光事業と共存してきた歴史と文化は地域活動にも反映されてきた。厳島神社や弥山原始林など往古の姿を守り受け継ぎ、乱開発からを防いできたことも、宮島に関わるすべての人がコンプライアンスを遵守してきたからである。

企業法務および組織マネジメントとコンプライアンスは、主に企業活動を対象とするものであるが、宮島で活動する組織、団体に置き換えて考えることもできる科目であった。

講義やグループワークでは、受講生の身近にある法律問題などの発表を通じて、情報共有や議論を重ねて、ビジネスリーダーとして必要なリーガルマインドを培った。

また、行政職員としても考えさせられる科目であり、私を含めた地方公務員に寄せられる信頼や社会的要請に応えるコンプライアンス遵守の姿勢は重要である。本市では、コンプライアンス遵守の意識づけを徹底して行っており、人権研修の実施や交通法規等の内部通知の発信は取り組みの一例である。

以上、私が履修した科目の一部をご紹介させていただいた。地域活動とMBA科目が密接に関係し、今後の活動にも示唆を得られるものであることをご理解いただけたと思う。

なお、その他の履修科目については、別の機会でご紹介させていただきたい。

３．地域の人材を結集する

宮島には、観光事業者を中心に経営に携わる経験豊富な人材が多くいるが、観光シーズンの繁忙期に入ると地域活動への参加がままならない現状がある。

人口減少と高齢化が進む宮島の地域活動を促進するには、これらの人材を結集し、限られた資源を有効に活用できる方法を考えていくことや未だ知られていない人材を発掘、育成していくことも重要である。

その上で、これらの人材が地域活動に継続して参加できる環境づくり、仕組みを構築していく必要がある。例えば、経営者たちが参加しやすい時間帯での話し合いの場の設定、常時情報共有ができる連絡網の整備などがあげられる。

宮島は年間465万人を誘客できるポテンシャルを有し、耳目を集めることができる魅力がある。伝統行事や祭礼など歴史を紡いできた文化、風習は守り継承しながら、一方で他の観光地とは違う宮島の新しい楽しみ方の提案や仕事場、移住先として世界遺産の地で地域活動に参加してもらうなどの発想も必要である。

ＶＵＣＡの時代に経営の視点を持った地域の人材を結集、活用し、地域活動を進めることで直面する課題を解決する打ち手はまだまだ考えられるのではないかと思う。

Ⅳ　ＭＢＡを検討されている皆さんへ

私は本市に奉職して以来、公務員以外の経験はなく、経営を勉強する機会もなかったため、この領域では全くの素人である。それでも市長の言葉をきっかけに、県立広島大学大学院経営管理研究科ビジネス・リーダーシップ専攻に入学し、学びを進める機会を得ることができた。

これまで述べてきたように、MBAでの学びを通じて、地域活動やまちづくりを考える上で多くの気づきを得たことを紹介してきた。

気づきを得ることは、講義でのインプットももちろんだが、一緒に切磋琢磨する仲間の存在が大きいところである。MBAでは「教えてもらう」という受動的な姿勢ではなく、能動的に「自ら学ぶ」姿勢が求められる。自分なりに課題を設定し、仮説を立てて実践する訓練を繰り返し、自分自身の思考の幅を広げ、粘り強く考え抜く力が必要である。

私の同期生には同業の人はおらず、さまざまな業種、役職にある人材が集まっている。また、それぞれの社会人経験が違うため、着目する視点にも相違があり、グループワークを行うと毎回自分自身にはない発想、視点からの指摘や意見、アドバイスをいただき、気づきを得ているところである。気づきを通じて、自分自身の思考の幅を広げることができ、さらに物事を捉える視点を磨くことができる。気づきの中には、翌日から実践で使えるものもあり、ビジネススクールでの学びの面白さ、楽しさを感じているところでもある。

また、同期生の中では学びやプライベートの場だけではなく、すでにビジネスでの関係を築いている人もおり、MBAでの仲間との出会いはボーダーレスに広がっている。まさにビジネススクールの醍醐味であり、ここにしかない世界がある。

読者の中には一定の期間、社会人経験を経て、日々感じる問題意識や課題、それらに対する解決策を模索しようとする熱い想いをもって、MBAを検討している人もいると思う。

県立広島大学大学院では、MBA１科目だけでも受講でき、入学後の単位認定も行われる科目履修制度、オープンキャンパスや公開講座も開催しており、さまざまな機会を捉えて、皆さんにMBAを体験いただきたい。

入学から未だ４か月あまりではあるが、市職員として、今後もMBAでの学びを進め、習得した知識を活かして宮島のまちづくりに携わっていきたい。

〔参考文献および参考ＵＲＬ〕
廿日市市(2020)『宮島まちづくり基本構想』
https://www.city.hatsukaichi.hiroshima.jp/soshiki/110/53163.html
廿日市市ホームページ
https://www.city.hatsukaichi.hiroshima.jp/

概要版
神をいつきまつる島づくり
宮島まちづくり基本構想
令和2(2020)年3月
廿日市市
10 具現化に向けて
自然
自然環境の保護とともに、観光や学習の資源として活用を進めます。
文化・歴史
宮島の伝統文化の保存伝承とともに、観光や学習の資源として活用を進めます。
産業・観光
生活と共生する国際観光拠点の整備を進めます。
生活・教育
守り伝える人を育て、活力ある地域を創ります。
交通
交通インフラを整備し先進的な公共交通を導入します。
防災
ハードとソフトの両面から防災対策を強化します。
福祉・保健・医療
福祉・保健・医療の体制を整備します。
交流
様々な交流や事業が推進される環境を構築します。
11 事業化の目標
宮島まちづくり基本構想

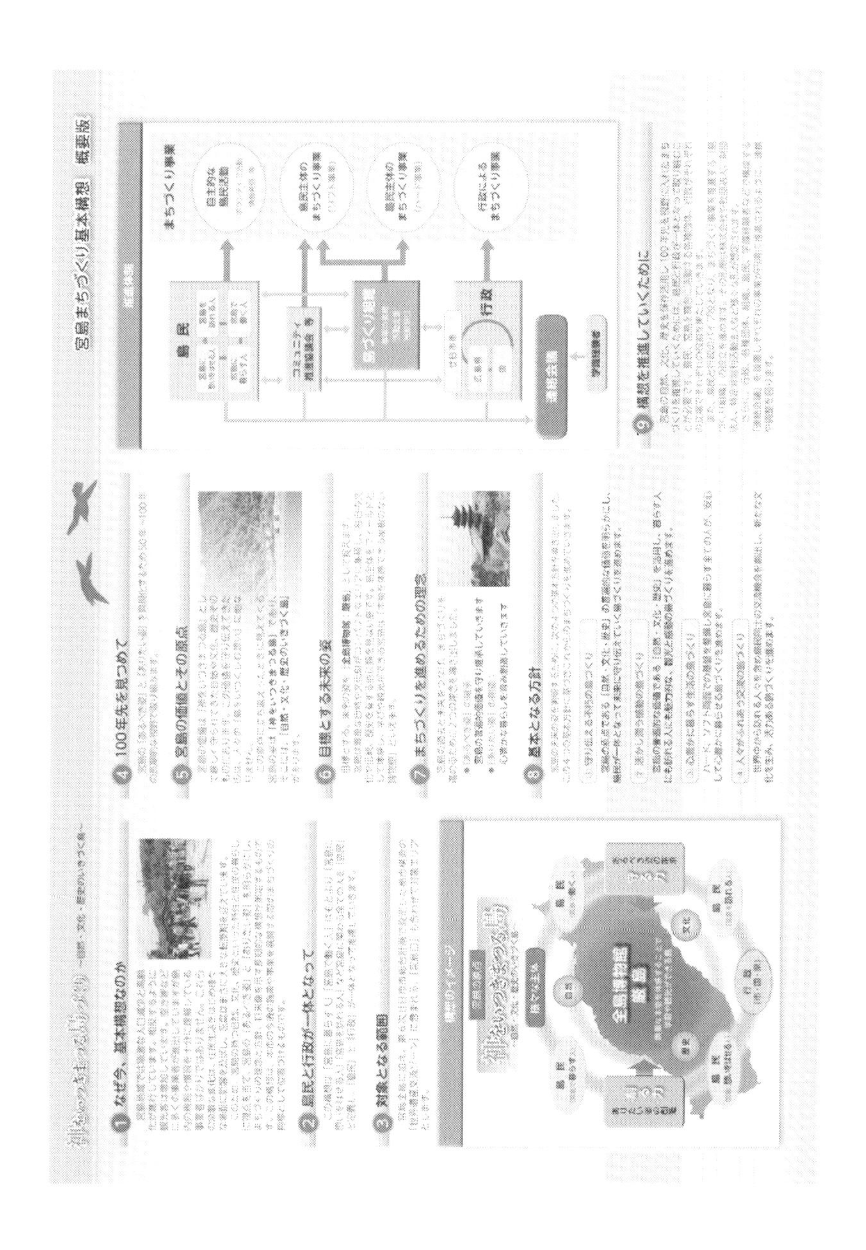
宮島まちづくり基本構想 概要版
1 なぜ今、基本構想なのか
2 島民と行政が一体となって
3 対象となる範囲
構想のイメージ
4 100年先を見つめて
5 宮島の価値とその原点
6 目標とする未来の姿
7 まちづくりを進めるための理念
8 基本となる方針
推進体制
島民
行政
まちづくり事業
9 構想を推進していくために

～宮島まちづくり基本構想と取り組み～

廿日市市経営企画部
宮島まちづくり企画室

宮島市街地（伝建地区）を望む

宮島の位置

廿日市市は、広島県南西部に位置しています。本市宮島町は広島湾西部に浮かぶ「観光の島」で、江戸時代から松島、天橋立と並び「日本三景」と称されました。

また、「神の島」とも呼ばれ、平清盛、毛利元就、豊臣秀吉など歴史上の人物も登場する地です。

平成8（1996）年には、世界遺産に登録され、外国人観光客も多く訪れる国内屈指の人気観光地となりました。

厳島
（廿日市市宮島町）

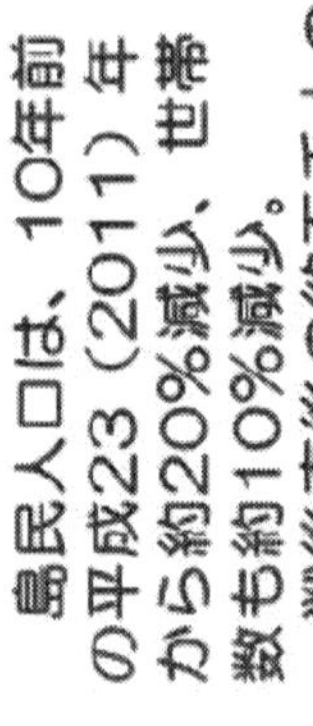
宮島の概要～島民人口から～
島民人口は、10年前の平成23（2011）年から約20%減少、世帯数も約10%減少。
戦後直後の約五千人のピークからは、約70%減少。
高齢化が進み、コミュニティ・地域活動も危ぶまれており、「過疎地域」にも指定されている。

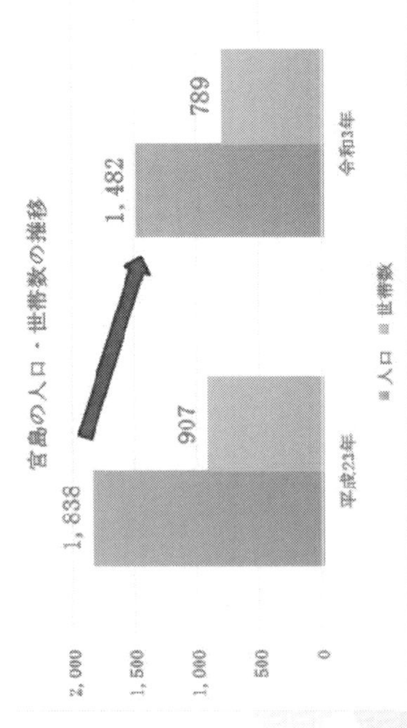
宮島の人口・世帯数の推移
2,000
1,500
1,000
500
0
1,838
907
1,482
789
平成23年
令和3年
人口
世帯数

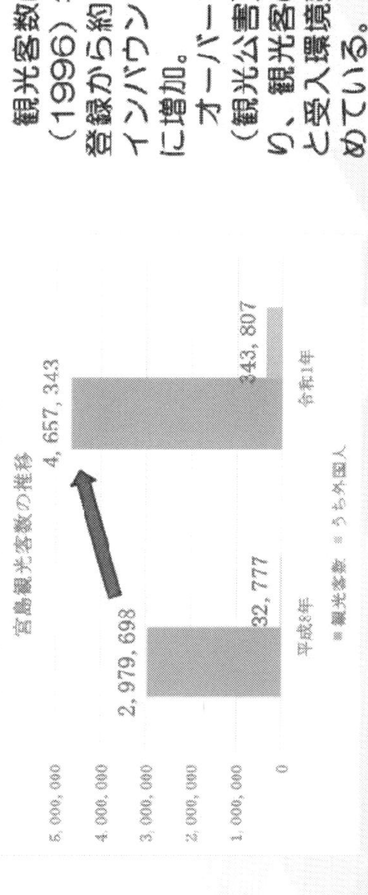
宮島の概要～観光客数から～
宮島観光客数の推移
5,000,000
4,000,000
3,000,000
2,000,000
1,000,000
0
2,979,698
32,777
4,657,343
343,807
平成8年
令和1年
■観光客数 ■うち外国人
観光客数は平成８（1996）年の世界遺産登録から約1.5倍増加、インバウンドは約10倍に増加。
オーバーツーリズム（観光公害）の心配もあり、観光客の満足度向上と受入環境整備などを進めている。

宮島まちづくり基本構想の目的

構想の目的

宮島地域での急激な人口減少と高齢化、観光客の増加、島内の規制や慣習に対する理解不足等は住民生活をはじめ様々な場面に影響を及ぼしており、宮島はまさに大きな転換期を迎えています。

このため宮島の「あるべき姿」と「ありたい姿」を明らかにし、まちづくりの理念と方針、将来像を示す長期的な構想を策定するものです。

本構想は、今後の施策や事業を展開する際のまちづくりの指標として位置づけられるものです。

未来の姿と４つの基本方針

図表　みらいの姿

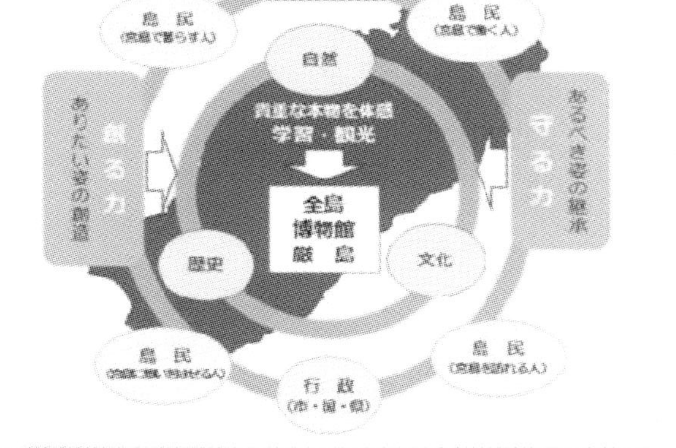

宮島のみらいの姿を実現するために、次の４つの基本方針を導き出しました。この４つの基本方針に基づきこれからの島づくりを進めていきます。

①　守り伝える不朽の島づくり

宮島の原点である「自然・文化・歴史」の普遍的な価値を明らかにし、島民が一体となって未来に守り伝えていく島づくりを進めます。

②　活かし潤う感動の島づくり

宮島の普遍的な価値である「自然・文化・歴史」を活用し、暮らす人にも訪れる人にも魅力的な、観光と感動の島づくりを進めます。

③　心豊かに暮らす生活の島づくり

ハード、ソフト両面での基盤を整備し宮島に暮らす全ての人が、安心して心豊かに暮らせる島づくりを進めます。

④　人々がふれあう交流の島づくり

世界中から訪れる来島者や島民同士の交流機会を創出し、新たな文化を生み、活力ある島づくりを進めます。

宮島まちづくり基本構想８つの施策視点

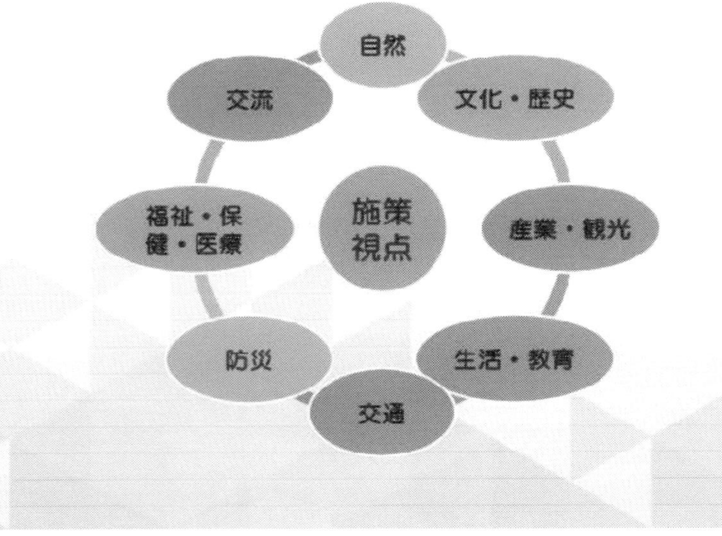

宮島まちづくり基本構想は、廿日市市第6次総合計画後期計画や過疎計画（ともに計画期間はＲ３～７）などの計画と連動する。

該当する「施策視点」に分類し、事業実施や予算執行を計画的に進行管理するため、本年度「宮島まちづくり基本構想実施計画（Ｒ３～７）」を策定する予定です。

宮島は法規制だらけ！！

宮島は、何重にも法令規制がかかる島です。不便な部分もあるが、その規制により、景観や建造物などが今に伝えられている。

【主な法令】
○文化財保護法
○自然公園法
○都市計画法
○建築基準法
○伝統的建造物群保存地区保存条例
○鳥獣保護地区

など10以上の法規制の適用がある。

看板一つ設置すること、家の外観を修繕したり、壁を塗り直すことなどすべてが許可制になる。しんどい・・。

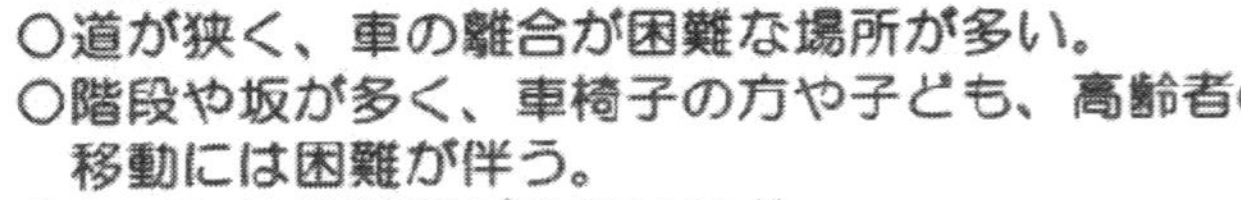

伝建地区内の町家通り。道幅が狭く、歩行者と車の距離が近く、時に危険なときも。

例えば・・
○道が狭く、車の離合が困難な場所が多い。
○階段や坂が多く、車椅子の方や子ども、高齢者の移動には困難が伴う。
○トイレや休憩所が少ないなど・・。

基本構想の施策に沿って継続して取り組みます。

○市や観光協会のHPやSNSなどで、トイレ・休憩所、観光スポット情報などを随時配信
○おもてなしガイドなど、ガイドの資質向上と人材の確保
○桟橋や神社などでは車椅子補助も可能
○島内交通機関による円滑な移動など
○無電柱化（電柱類の地中化）や道路舗装の美装化
○歩行空間のバリアフリー化（限界あり）

ＴＯＴＯ宮島おもてなしトイレ
設置の経緯

表参道商店街の混雑状況。
コロナ前はこんな感じでした。

令和元年の観光客数は４６５万人。一日平均１．２万人以上が来島する。

ここ表参道商店街は２００ｍ以上続くメインストリート。

お土産やグルメを求める観光客でごった返しています。

しかし、この通りの中間地点ある『旧中之町トイレ』は、男女ともに２基ずつしかなく、多目的トイレはありませんでした。

女子トイレは、いつも行列になり、休憩所や授乳室もなく、市や観光協会にクレームが寄せられていました。

旧中之町トイレと商店街の課題

入口には、宮島特有の「鹿戸」が設置されていました。

（1）男女ともに便器が２基ずつしかなく、多客時の女子トイレはいつも行列になっていた（商店街で案内しても、行列により、トラブルのもとにもなる）。

（2）鹿戸は、手前に引く形で開閉するため、車椅子の方単独では開閉できない（身体の不自由な方にとって、優しい施設ではない）。

（3）表参道商店街の中間地点にありながら、公共施設として「待合室」や「食事場所」、「Ｗｉ－ｆｉ環境」、「携帯充電機能」などの便利機能が整備されていない・・ｅｔｃ。

観光地での受入環境整備を進める必要性

ありがとう！！ＴＯＴＯさん

令和元年８月に供用開始した「ＴＯＴＯ宮島おもてなしトイレ」の外観。ＴＯＴＯさんのノウハウをお借りしてできた公共施設です（出入口は自動ドア）。

１階には、観光案内所、ゴミステーション、自販機、授乳室（２階にもある。）を設置し、便器数は男女合計４基から２５基と大幅増加。トイレの種類も増えて利便性も向上。

２階には、観光案内サイネージ、休憩スペース（飲食可）、携帯充電機能、Ｗｉ－ｆｉ環境など、疲れた身体を休めることもできるようになりました。

	男子トイレ	女子トイレ	多目的トイレ	誰でもトイレ	キッズトイレ	[illegible]	2階トイレ	計
小便器	5	－	－	－	2	1	－	8
洋式便器	3	6	2	1	1	1	3	17

トイレの詳しい説明はＴＯＴＯさんにお任せ

本市は、これからも国内外から多くの方々をお迎えする国際観光拠点を目指し、民間企業、関係団体、庁内各課と連携して、宮島のまちづくりを進めていきます。

令和3年8月2日に「重要伝統的建造物群保存地区」に選定されました。

＜監修・著者紹介＞

安達　巧（あだち・たくみ）　[まえがき]・[第１部]

1966年生まれ。

早稲田大学商学部卒業。東北大学大学院法学研究科私法学専攻博士前期課程修了〔修士（法学）学位取得〕後、東北大学大学院経済学研究科経営学専攻博士後期課程に進学し、標準在学期間３年より短い２年間の在籍で同博士後期課程を修了して博士（経済学）学位を取得。神戸大学大学院法学研究科法政策専攻博士後期課程単位修得退学。

自ら起業しての会社経営及び税理士資格も活かした経営コンサルティングや起業家育成等を経て、県立広島大学ビジネススクール（経営専門職大学院）教授。

現在、県立広島大学重点研究事業（先端的研究）に採択されてアントレプレナーシップ人材育成に取り組んでいる。

<主要著書>

『ディスクロージャーとアカウンタビリティー－監査人としての公認会計士の責任－』創成社（2002年）

『企業再生の戦略』創成社（2002年）

『企業倫理とコーポレートガバナンス－知的資産の有効活用－』創成社（2002年）

『会計基準の法的位置づけ－財務書類の真実性と会計・監査基準－』税務経理協会（2004年）

『ベンチャー企業のファイナンス戦略－会社法の徹底活用－』（共著）白桃書房（2007年）

『19歳のときまでに教えてほしかったこと』（共著）ふくろう出版（2011年）

『コーポレートガバナンスと監査と裁判所』ふくろう出版（2014年）（日本図書館協会選定図書）

『サムライ・イノベーション～社会を変える起業家のための思考と資金戦略～』（共著）ふくろう出版（2015年）

『コンプライアンス－ハラスメント事例研究－』（共著）ふくろう出版（2018年）

『不正会計とわが国の投資家保護』ふくろう出版（2020年）

『アントレプレナーシップと戦略経営－ビジネススクールでの実践－』（共著）ふくろう出版（2021年）

『地方発でもユニコーン企業創出を可能にする実践的起業家教育の試み』ふくろう出版（2021年）

『事業創造とアントレプレナーシップ』（共著）ふくろう出版（2022年）

ほか著書・論文多数。

<著者紹介>

富田　智和（とみた・ともかず）　[第5部]

弁護士

平成15年11月　旧司法試験合格

平成16年4月　最高裁判所司法研修所入所（第58期司法修習生）

平成17年10月　最高裁判所司法研修所終了

平成17年10月　弁護士登録（兵庫県弁護士会）

平成22年4月　神戸そよかぜ法律事務所設立

平成30年4月～平成31年3月　兵庫県弁護士会副会長（任期1年）

浅野　郷志（あさの・さとし）　[第4部]

1978年岡山県生まれ。中央大学法学部国際企業関係法学科卒業。

行政書士試験合格後、株式会社ベルシステム24（コールセンター業）の情報セキュリティ管理部門と法務部門を経て、東洋鋼鈑株式会社（鉄鋼業）の法務グループ（グループリーダー）にて、契約書審査から新規事業開発やM&Aの支援まで幅広く法務業務を経験。

現在、マツダロジスティクス株式会社（物流業）の法務グループ（マネージャー）にて、コンプライアンス推進等の法務業務のマネジメントを担当。

2021年県立広島大学大学院経営管理研究科の安達巧教授ご担当の「組織のガバナンス」を科目等履修生として受講。

2022年県立広島大学大学院経営管理研究科入学。

<著書>

『MBAで学ぶマネジメントとガバナンス－まっすぐに生きる－』（安達巧・東内信樹・藤末匠吾・大崎久美と共著）ふくろう出版（2022年）

宮本　大輔（みやもと・だいすけ）　[第 2 部]

1971 年生まれ。青山学院大学国際政治経済学部国際経済学科卒業。

三菱電機株式会社での就職経験を経て、現在の株式会社三共冷熱に入社。

2005 年、同社の代表取締役社長に就任。

2022 年、県立広島大学大学院経営管理研究科入学。

持田　光宏（もちだ・みつひろ）　[第 3 部]

1984 年生まれ。山口大学自然情報科学科卒業。東亜大学通信大学院法学専攻修了。

京都大学上級経営会計専門家取得。M&A シニアエキスパート取得。

第 4 回経営支援倶楽部全国大会指導品質部門優秀賞受賞。

山口大学にてゾウリムシの研究後、新開税理士事務所に入社。税法を学んだ後、中小企業支援のため、管理会計を学ぶ。

現在、株式会社ビジネスサポート・クリエイト 代表取締役を兼務しながら、新開税理士事務所の中小企業の事業再生部門、事業承継支援部門、M&A 支援部門、補助金申請支援部門を担当中。

2022 年県立広島大学大学院経営管理研究科入学。

田宮　憲明（たみや・のりあき）　[あとがきに代えて]

1972 年広島県生まれ。

1995 年明星大学人文学部経済学科卒業。

1995 年広島県廿日市市役所奉職。ひろしま国体、生涯学習、文化財保存保護、自然公園維持管理、地域振興、観光振興などの関連業務に従事した。

2022 年現在 廿日市市経営企画部宮島まちづくり企画室で宮島地域のまちづくりに関する企画調整、推進に携わる。

2022 年県立広島大学大学院経営管理研究科入学。

その他社会保険労務士、宅建士などの資格を持つ。首都大学軟式野球連盟理事長、全日本大学軟式野球連盟理事を経て、現在、首都大学軟式野球連盟特別顧問。大学軟式野球の普及、振興に尽力している。

MBA流 企業法務

2022年9月26日 初版発行

監修・著 安達 巧
著 者 富田 智和・浅野 郷志
宮本 大輔・持田 光宏
田宮 憲明

発 行 ふくろう出版
〒700-0035 岡山市北区高柳西町 1-23
友野印刷ビル
TEL:086-255-2181
FAX:086-255-6324
http://www.296.jp
e-mail:info@296.jp
振替 01310-8-95147

印刷・製本 友野印刷株式会社

ISBN978-4-86186-866-5 C3034